KB269992

철학의 원리

Principles of Philosophy

르네 데카르트

다락원 | Spark Publishing

SPARKNOTES™ 026

철학의 원리

펴낸이 정규도
펴낸곳 (주)다락원

초판 1쇄 인쇄 2010년 1월 27일
초판 1쇄 발행 2010년 2월 4일

책임편집 안창열
디자인 정현석
번역 강태원
표지삽화 손창복

다락원 경기도 파주시 교하읍 문발리 509-1
내용문의: (031)955-7272(내선 400)
구입문의: (02)736-2031(내선 112~114)
Fax:(02)732-2037
출판등록 1977년 9월 16일 제300-1977-23호

Copyright © 2010, 다락원

출판사의 허락 없이 이 책의 일부 또는 전부를
무단 복제 · 전재 · 발췌할 수 없습니다.
잘못된 책은 바꿔 드립니다.

값 7,000원

ISBN   978-89-5995-191-8 43740

http://www.darakwon.co.kr
일이관지(一以貫之) 논술팀이 제시한 실전 연습문제 답안작성
논술가이드는 www.darakwon.co.kr에서 무료 제공합니다.

세계의 교양을 읽는다

고전을 왜 읽는가?

인간의 삶과 세상에 대한 영원한 물음이 있기 때문이다. 시대와 사상을 뛰어넘어 지금 여기 우리에게 필요한 물음이 없는 고전은 더 이상 고전이 아니다. 인간과 삶에 대한 근원적인 물음 없이 고전을 읽는다면 자신과 인간에 대한 성찰과 지혜로 이어지지 않는다. 논술 시험 때문에, 과제물 때문에, 아니면 남들이 읽으니까, 나도 읽는다는 식이라면 그 책은 죽은 책일 수밖에 없다.

고전을 살아 있는 책으로 만드는 이 '물음!'에 답하기 위해서는 좋은 길잡이가 필요하다. 오랜 기간 동안 미국의 고교생과 대학 주니어들이 시험, 에세이 작성, 심층토론 준비를 위해 바이블처럼 애용해온 'SPARKNOTES'와 'CliffsNotes'는 바로 그런 좋은 길잡이의 표본이다. 이 두 시리즈가 원조 논술연구모임인 '일이관지(一以貫之)' 팀의 촌철살인적 해설을 곁들여 논술로 고민중인 대한민국 학생 여러분을 찾아간다.

SPARKNOTES와 CliffsNotes의 가장 큰 장점은 방대하고 난해한 고전을 Chapter별로 요약하고 분석해서 원전의 내용에 보다 쉽고 체계적으로 접근하는 신속·간편성이라고 할 수 있다. 여기에 '一以貫之' 팀이 원전의 중요한 문제의식, 즉 근원적 '물음'은 무엇이며, 그 '물음'은 오늘날에도 여전히 유효한가, 라는 질문을 다시 던진다.

대입논술로 고민하고, 자칭 타칭의 고전이 넘쳐나는 오늘의 독서풍토에서 지적 정복이 긴박한 대한민국 학생들에게 감히 이 시리즈를 자신있게 권한다.

一以貫之 논술연구모임 연구실장 이호곤

이 책의 구성

SPARKNOTES와 CliffsNotes는 방대하고 난해한 원작을 보다 쉽게 이해할 수 있도록 돕는 안내서입니다. 여기에는 원작 이해를 돕기 위해 매 장마다 '요점 정리(또는 줄거리)'와 '풀어보기'가 실려 있습니다. '요점 정리(또는 줄거리)'에는 원저의 내용을 일목요연하게 정리해 놓아 저자가 전달하려는 내용을 어렵지 않게 파악할 수 있습니다. '풀어보기'에서는 철학서의 경우, 원저에 담긴 저자의 사상이나 관련 철학, 시대 상황, 논점 등을, 문학 작품인 경우에는 원작에 담긴 문학적 경향, 등장인물의 심리상태, 주제 등을 설명해 놓았습니다. 분석적이고 비판적인 글읽기의 바탕이 되는 요소들이죠. 비소설이나 소설을 막론하고 분석적이고 비판적인 글읽기는 독자에게 꼭 필요한 자질입니다.

그밖에도 원저를 좀더 깊이 복습해서 제대로 소화할 수 있도록 돕기 위해 'Study Questions'와 'Review Quiz' 등을 마련해 놓았습니다.

* 〈   〉는 철학서, 장편소설, 중편소설, 수필집, 시집. "   "는 단편소설, 논문
* 작품명은 독자의 이해를 돕기 위해 예외적인 경우를 제외하고는 영어식으로 표기함.

● 일이관지(一以貫之) 논술노트

권말에는 일이관지 논술팀에서 작성한 논술노트가 실려 있습니다. 원저를 우리의 삶과 연계시켜 비판적 사고와 논리적 글쓰기의 방향을 제시합니다.

● 실전 연습문제

논술예제와 기출문제를 통해서는 원작을 바탕으로 출제 가능성이 높은 논점을 함께 숙고해 봅니다.

간추린 명저 노트

유럽에서 당대의 주도적 과학자로 명성을 날린 르네 데카르트 Rene Descartes는 세계에 대한 신기계론적·수학적 설명 가운데 가장 그럴듯한 해석을 하나 발전시켜, 광학, 우주론, 물리학, 생리학, 생물학 분야를 설명하는 데 사용했다. 데카르트의 과학체계는 오래 버티지 못하고 아이작 뉴턴 경이 제시한 훨씬 훌륭한 기계론적·수학적 과학에 덮여 거의 잊혀졌지만, 데카르트는 여전히 모든 시대를 넘나들며 가장 널리 읽혀지는 사상가 가운데 한 사람으로 남아 있다. 그의 유산은 그가 세운 과학이 아니라 과학의 기초로 사용하려고 발전시킨 철학이다.

데카르트는 자신의 과학이론들이 근거할 수 있는 확고한 철학적 기반을 찾는 과정에서 근대 철학의 개요라고 인정할 만한 최초의 일관된 밑그림을 조성하는 데 성공했다. 그때까지의 서구 철학은 모두 아리스토텔레스의 이론 틀에서 사소한 문제들을 제거하려는 시도에 불과했다. 스콜라 철학은 말 그대로 지배할 대학이 존재했던 한, 대학을 지배해 왔으며, 거의 2,000년에 걸쳐 철학을 한다는 것은 옛날 이론들을 땜질하면서 스콜라 철학자가 되는 것을 의미했다.

이런 현상에 반기를 든 최초의 인물 가운데 한 사람이

데카르트였다. 그가 보기에 변증법적 논증규칙에 의존하면서 모순된 형이상학적 · 논리적 미묘함에 관심을 쏟는 스콜라 철학의 사고방식에는 칭찬할 만한 부분이 전혀 없었다. 학생들을 진실에 더욱 가깝게 인도하기보다는 오히려 혼동을 가중시키고 잘못 인도한다고 느꼈던 것. 철학하는 방법은 그저 자기 자신의 타고난 이성능력을 따라가는 것이라고 확신한 그는 가장 간단하고 가장 명백한 진실에서 출발함으로써 기본적이고 의심할 수 없는 원칙으로부터 모든 지식을 연역하고자 했으며, 이 방법을 통해 철학을 근대로 도약시킨 세상의 개념, 우리 정신의 개념, 그리고 이 둘 사이의 관계의 개념에 도달했다. 이렇듯 데카르트는 철학적 설명을 모색하는 새로운 방법을 창안하고, 그 방법을 시험할 수 있는 수많은 새로운 철학적 관심사를 제공한 인물이다.

〈철학의 원리 *Principles of Philosophy*〉는 그의 작품 중에서는 특이하다. 그의 혁명적 철학에 대한 포괄적인 설명뿐만 아니라, 어떻게 그의 철학이 그의 과학의 기반으로 사용될 수 있는지를 상세히 보여주기 때문이다. 다른 저서들은 그의 철학이나 과학 가운데 하나에 초점을 맞추고 있지만, 완전한 형태의 철학과 과학을 제시함으로써 그의 사고가 지닌 이들 두 가지 양상이 실제로 얼마나 긴밀하게 연관되어 있는지를 명시적으로 보여주는 것은 〈철학의 원리〉뿐이다. 따라서 최초의 근대 철학체계의 형태와 애초에 그

것이 나타나게 된 이유를 알 수 있는 기회를 제공한다. 그런데 얄궂게도 이 책에서 펼치는 형이상학적이고 인식론적인 주장들이 본래는 과학적 주장들을 뒷받침하기 위한 것이었으나, 오늘날에는 반대로 그 과학적 주장들이 데카르트의 선구적인 형이상학과 인식론을 이해하기 위해 읽히고 있을 뿐이다.

1596년, 프랑스 투르 지방의 유복한 가정에서 태어난 데카르트는 열 살 때 예수교학교인 라 플레슈에 입학했다. 그곳에서는 9년간 논리학, 물리학, 유클리드 기하학, 대수학 등을 공부했으나 예수회 수사들에게 받았던 아리스토텔레스학파의 철학 교육에 대한 반작용으로 철저하게 새로운 방법을 발전시키게 되었다. 학교 교육에서 인식과 확실성을 발견할 것이란 말을 들었으나 전혀 만족스럽지 않았으며, 어떤 확실성도 발견하지 못했고 오히려 의심만 계속 커졌기 때문이다.

1616년, 푸아티에 대학에서 법학사 학위를 받은 후에는 수학과 철학에 대한 열정을 품고 한동안 유럽을 여행하면서 이런저런 사람들과 다양한 풍속에 관한 견문을 넓혔으며, 1618년에는 에스파냐에 대항하는 동맹국 네덜란드로 가서 지원장교로 군에 입대해 수학과 군사건축학을 배웠다. 그의 목표는 스콜라 철학이 지배하고 있는 학계에서 가능한 한 멀리 벗어나 '세상이라는 위대한 책'을 통해 살아 숨

쉬는 공부를 하는 것이었다. 군복무 당시 페르디난트 2세의 대관식에 참석했다가 부대로 복귀하던 길에 어느 마을의 따뜻한 방에 묵으면서 여러 가지 명상에 잠겨 하루를 보내던 1619년 11월 10일, 그에게 진정한 전환점이 찾아온다. 이 같은 의심의 시기에 자신이 생산적으로 살 수 있도록 도와줄 몇몇 지도 원칙과 도덕 격률*만을 유지한 채, 이전에 지녔던 모든 신념과 의견을 의심하기로 결심한 것. 그는 이 원칙을 대수와 기하학에 적용해서 분석기하학을 발견하는 놀라운 성과를 거뒀다.

그는 수학에서 발견된 방법론을 사용함으로써 자신의 자연과학에 수학적 증명이 향유하는 똑같은 수준의 명석판명성을 부여하고자 희망했다.

이 계획은 서서히 이루어지기 시작했다. 그 후 몇 년 동안 자신의 방법론과 과학체계의 세부사항을 만들어냈고, 31세 때인 1627년에는 〈정신지도를 위한 규칙들 *Rules for the Direction of the Mind*〉(이하 '규칙들')을 집필하기 시작했으나 끝내 이 작업은 마무리되지 못했다.

1628년에는 방랑 시절부터 살고 있던 파리에서 네덜란드로 이사했다. 그곳에서는 사회적 의무로부터 해방되어

---

* **격률**(格率, maxim): 개인에게 행위의 동기를 부여하는 원칙이자 주관적인 실천 원칙. 준칙(準則)이라고도 하며, 명령의 반대.

고독한 삶에 푹 빠져 세상을 찬찬히 숙고할 수 있게 되었고, 부모의 유산 덕분에 재정적 근심 없이 신비한 충동들을 탐닉할 수 있게 되었다.

비록 데카르트는 스스로 더 넓은 사회와는 담을 쌓지만, 학문의 세계와 단절된 것은 아니었다. 지속적으로 당대의 수많은 주요 인물들과 서신을 교환했고, 찾아오는 친구들과 대화를 즐겼다.

이 시기에는 통합과학에 대한 야심찬 계획에 몰두하여 많은 주제를 다룬 논문들을 집필했다. 그는 분석기하학과 완전한 우주론(〈우주론 *The World*〉이란 작품 속에 수록되었으나 생전에는 출간되지 않음)을 발전시켰고, 1637년에는 몇 가지 과학적 탐구의 결과물을 엮어 〈기하학 *Geometry*〉, 〈광학 *Dioptics*〉, 〈기상학 *Meteors*〉을 출간했다. 이 책들의 서문으로 출간한 〈방법서설 *Discourse on Method*〉에서는 〈규칙들〉에서 처음 제시된 방법론에 대한 논의를 다듬었다. 그는 오직 수학적으로 영감받은 방법론을 사용하여 이들 각각의 과학서적에서 자신의 결론에 도달하고 있다.

데카르트 과학의 철학적 기반을 펼치고 있는 〈제일철학에 대한 성찰 *Meditations on First Philosophy*〉(1641년. 이하 '성찰')은 수많은 논쟁을 불러일으키면서 격렬히 비판하는 적들과 함께 열렬한 추종자들을 얻게 해주었다. 〈철학의 원리〉(1644년)에서는 〈성찰〉의 결론들을 다시 진술하면서 어떻게 성찰이 그의 완벽한 통합과학의 근거로써 작동했는지를 보여주었고, 〈정념론 *The Passions of the Soul*〉(1649년)에서는 인간의 감정과 행동에 대해 설명하려고 했다.

1649년 가을, 오랜 서신교환자였던 스웨덴의 엘리자베스 여왕으로부터 개인교습 요청을 받고 스톡홀름의 궁전에서 그녀를 가르치게 된 데카르트는 새벽 다섯 시 수업에 대한 정신적 압박과 혹독한 추위 때문에 폐렴을 얻어 1년도 채우지 못하고 1650년 2월에 세상을 떠났다.

　비록 데카르트는 성년 시절을 은둔자로 살았으나 당시의 역사는 그의 인생을 매우 실제적인 방식으로 압박했다. 17세기 초에 있었던 과학과 종교 사이의 극심한 투쟁이 새로운 기계과학의 선구자 가운데 한 사람이었던 그에게 엄청난 영향을 주었던 것.

　데카르트가 성인이 되었을 무렵에는 이미 과학 혁명*이 싹트고 있었다. 니콜라스 코페르니쿠스, 요하네스 케플러, 갈릴레오 갈릴레이 같은 사상가들은 우주와 우주 속에서의 우리의 중심적 위치에 대한 성서적 설명을 부정하는 새로운 종류의 세계관을 가정했다. 교회는 몇 가지 책을 금서로 결정하고, 공격적인 가설들이 사실에 관한 이론으로 진술되는 것을 금지했다. 이 같은 긴장은 갈릴레오가 그의 급진적인 우주론적 발견들을 가설이 아닌 사실이라고 단언했다면서 교회가 유죄판결을 내린 1633년에 정점에 이르렀다.

　데카르트 역시 태양중심 체계를 유용한 가설이 아닌

---

* **과학 혁명**(Scientific Revolution): 대략 코페르니쿠스의 〈천체운행론〉과 베살리우스의 〈인체구조론〉이 출판된 16세기 중엽부터 뉴턴이 〈자연철학의 수학적 원리〉를 출판한 17세기 말 사이에 일어난 세계관의 근본적인 변화를 일컫는다. 물리학·천문학·생물학 등에서 혁명적인 발견들이 이루어졌으며, 전통적인 우주관이 근본적으로 변하면서 근대적인 우주관이 출현했다.

사실로 확립하려고 했던 〈세계론〉을 막 마쳤으나 갈릴레오의 유죄판결 소식을 접하고는 공포를 느낀 나머지 출간을 포기했다. 독실한 신앙인이었던 데카르트에게는 행복 박탈에 대한 두려움 이외에 필시 종교적 승인을 받고 싶은 단순한 욕망도 있었을 것이다.

그 후 데카르트는 모든 과학적 근거를 조심스럽게 다루었다. 비록 자신의 우주론을 〈철학의 원리〉 속에 포함시키면서도 내용을 크게 수정하여 지구 자체는 움직이지 않는다고 기술하는 것. 게다가 모든 작품에는 길고도 조심스런 단서를 달아 자신의 이론들은 신이 직접 드러냈던 그 어느 것도 부정할 수 없다고 시인하는 동시에 신은 자신의 논증의 완벽한 진실을 보증하기 위해 사용될 수 있다고 주장한다. 인간의 신체가 기계라는 그의 증명처럼 더욱 논란의 소지가 있는 몇 가지 논증은 종교적 분노를 피하기 위해 의도적으로 모호하게 진술되고 있다.

　　17세기에는 과학에서 기계적이고 수학적인 설명들, 즉 관찰할 수 있는 모든 현상을 설명하기 위해 오직 물질의 운동만을 언급하는 자연 세계에 대한 기술들(때때로 수학적인 공식 형태)이 극적으로 증가했다. 비록 데카르트가 기계적이고 수학적인 과학의 발전에 영향을 미쳤고 어쩌면 가장 야심찬 과학자였을지 모르지만, 그것을 발전시킨 최초의 인물은 아니었다. 그러나 최초로 그는 세계를 개관하는 이 새로운 방식에 의해 야기된 요구들에 대해 철저하고 광범위하게 철학적으로 응답했고, 그의 저서들은 철학적 방법과 관심에 극적인 변화를 일으켰다.

　　〈철학의 원리〉 서문에서는 왜 맨 먼저 새로운 과학에 대해 철학적 대답을 해야 할 필요를 느꼈는지 설명한다. 모든 인간의 지식을 각 부분이 존속하기 위해 다른 부분에 크게 의존하는 하나의 나무, 물리학은 나무의 줄기, 응용과학인 의학, 기계학, 도덕은 가지, 그리고 신의 본성, 세계, 세계 속의 모든 것을 철학적으로 연구하는 형이상학은 전체 체계에 양분을 공급하고 지지해 주는 뿌리다. 〈철학의 원리〉는 전체 나무에 대한 일관된 그림으로 의도되었으며, 그는 이 걸작이 훗날 대학에서 가르쳐진다면 교과서로 사용되기를 염원했다.

데카르트가 자신의 새로운 물리학의 근거가 될 새로운 형이상학이 필요하다고 느낀 이유를 이해하려면 그가 반대하고 있는 세계관을 알아야 한다. 그의 철학과 물리학은 모두 거의 2,000년 동안 지적 무대를 지배해 왔던 스콜라 철학에 대한 반작용으로 간주된다. 스콜라 철학의 관점에 따라, 모든 자연철학은 변화에 대한 연구로 축소되었다. 설명들은 어떤 것을 그것이 되게 해주는 특성인 '본질', 변화를 통해서도 그대로 남아 있는 '물질', 그리고 변화가 일어나면 변화하는 '형태'라는 모호한 형이상학적 개념들에 크게 의존했다. 또한 이 변화에 대한 설명에서는 흙, 공기, 불, 물의 네 가지 원소가 중요했으며, 이 관점의 가장 기본적인 존재 단위인 실체는 모두 이 원소들의 다양한 혼합물이다.

데카르트는 물질, 형태, 원소들의 모호한 형이상학적 개념들이 세계의 그림을 쓸데없이 복잡하게 만든다고 믿었다. 좀더 엄밀히 말하면, 그런 개념들을 포함시킴으로써 순수하게 물질의 운동에 의해 설명하는 일(정확히 새로운 기계론적 물리학이 하려고 했던 일)이 불가능해졌다. 데카르트는 새로운 과학적 예측에 길을 터주기 위해 형이상학적인 그림을 근본적으로 단순화시켜야 했다. 스콜라 철학이 각자 고유한 본질을 갖고 있고, 각자 흙, 공기, 불, 물의 관점에서 고유한 유형의 설명을 요구하는 수많은 유형의 실체들을 가정해 왔던 세상에서 데카르트는 오직 두 가지 유형의 실체만 존재한다고 주장했다. 그 본질이 사고하는 것인 정신적 실체와 그 본질이 연장인 물질적 실체가 그것이다. 이처럼 관찰할 수 있는 전체 세계가 한 종류의 실체(물질적 실체 또는 물체)로 축소되었기 때문에 모든 자연현상은 연장이란 특성에 전적으로 근거한 단지 몇 가지 원칙에 의존해서 설명될 수 있을 것이다. 물리학은 연장된 물체의 연구인 기하학으로 주저앉았다.

물질적 실체의 연장에 의해 모두 설명될 수 있는 세계에 대한 자신의 기계론적 그림을 제시한 데카르트에게는 자신의 새로운 물리학과 형이상학을 보충하는 새로운 인식론도 필요했다. 아리스토텔레스를 추종하는 스콜라 철학자들은 인간의 모든 지식이 감각을 통해 온다고 믿었다. 다시 말해, 그들은 경험주의자들이었으나 그들의 경험론은 매우 순진한 형태였고, 우리의 감각이 세계에 있는 사물들의 종류에 대해 우리를 체계적으로 속일 수 없다고 믿었다. 만약 감각들이 색깔들이 존재한다고 우리에게 이야기하면 그때 색깔들이 존재하는 것이고, 감각들이 테이블이나 의자 같은 딱딱한 물체들이 존재한다고 우리에게 이야기하면, 그때 딱딱한 물체들이 존재한다는 것이다. 감각에 대한 신뢰성은 지각이 어떻게 작동하느냐의 개념으로 연결되었다. 이 견해에 의하면, 지각하는 감각이 지각된 사물의 형태를 띠게 되었고, 매우 모호한 의미에서 지각 대상과 같아졌다.

그러나 데카르트의 세상 그림에는 색깔, 소리, 냄새, 맛, 열기 같은 것이 존재하지 않았고, 오직 연장과 연장에서 생겨난 크기, 형태, 운동 같은 특성들만 존재했다. 따라서 데카르트는 자신의 물리학과 형이상학을 옹호하기 위해 어쩔 수 없이 인간 지식의 근원에 대한 새로운 이해를 내놓아야 했다. 지식은 감각으로부터 올 수 없다. 왜냐하면, 우리의 감각은 우리가 색깔이 있고, 시끄럽고, 냄새나고, 맛있고, 뜨겁고, 차가운 세계에 살고 있다고 말해 주기 때문이다.

데카르트는 지식에서 감각의 영향력을 제거하기 위해 지성을 감각으로부터 완전히 해방시켰다. 스콜라 철학자들은 감각을 통하지 않고서는 그 어떤 것도 지성으로 들어갈 수 없다고 주장했던 반면, 데카르트의 인식론에 따르면 특정 개념들은 날 때부터 지성 속에 현존한다. 인간은 '신', '연장', '삼각형', 그리고 '무(無)에서 올 수 없는 어떤 것' 같은 특정 본유관념을 가지고 태어난다는 것. 우리는 이 본유관념과 이성능력을 사용하여 논리적인 연결의 연쇄를 추적할 수 있고, 세상의 가능한 모든 지식을 해명할 수 있다.

데카르트의 형이상학과 인식론은 철학사에서 엄청난 영향력을 발휘해 왔다. 데카르트는 근대의 철학적 대화를 작동시킨 장본인이라고 할 수 있다. 존 로크, 바뤼흐 스피노자, G. W. 라이프니츠, 조지 버클리, 임마누엘 칸트는 데카르트의 그림을 본보기 삼아 형이상학적 입장을 정리하여 그의 견해를 급진적으로 변화시킨 나름대로의 해석들을 제시했다. 심지어 오늘날에도 정신의 본질, 정신-신체의 관계에 관한 데카르트 이론은 끊임없이 철학적 토론에서 중요한 역할을 하고 있다. 인식론에서 데카르트의 용어와 순수 지성능력에 대한 개념은 로크, 블레즈 파스칼, 스피노자, 라이프니츠의 저서에서 발견된다. 지식추구에서의 인간 이성의 한계에 대한 그의 관심은 훨씬 더 많은 사람들에 의해 채택되었다.

데카르트의 지식이론은 합리주의자와 경험주의자의 구분이라는 근대 철학사의 가장 유명한 분할을 초래했다. 합리주의자들(니콜라스 말브랑슈, 스피노자, 라이프니츠)은 인간이 세상에 대한 실재적인 지식의 믿을 만한 근원으로 사용될 수 있는 순수 지성능력을 가졌다는 데카르트의 생각을 받아들였다. 경험주의자들(로크, 레이드, 버클리, 데이비드 흄, 등)도 데카르트의 순수 지성능력의 존재는 믿었으나 이 능력이 감각의 도움 없이 우리에게 항진(恒眞) 이외에 모든 것을 말해 줄 수 있다는 점에 회의를 품었다. 이 논쟁은 양편이 수십 년 주기로 엎치락뒤치락하면서 오늘날까지 이어지고 있다.

니콜라스 코페르니쿠스(Nicolaus Copernicus. 1473-1543)：폴란드 천문학자. 태양중심설(지동설) 주장. 주요 저서는 〈천체의 회전에 관하여〉 등.

요하네스 케플러(Johannes Kepler. 1571-1630)：독일 천문학자. 행성 운동에 관한 제1법칙(타원궤도의 법칙)과 제2법칙(면적속도 일정의 법칙)을 발표하면서 코페르니쿠스의 태양중심설을 수정·발전시켰다. 주요 저서는 〈신(新) 천문학〉 등.

갈릴레오 갈릴레이(Galileo Galilei. 1564-1642)：이탈리아 물리학자, 천문학자, 수학자. 프톨레마이오스의 천동설(지구중심설)로는 설명되지 않는 우주의 질서를 발견하고, 금기시되던 코페르니쿠스의 태양중심설을 받아들임. 주요 저서는 〈두 개의 세계 체계에 대한 대화〉 등.

존 로크(John Locke. 1632-1704)：영국의 초기 계몽철학자이자 경험철학의 원조. 평등하게 태어난 자연 상태의 인간은 모두 생명·자유·재산에 대한 천부적 권리를 보장받아야 하며, 자연 상태가 안고 있는 분쟁의 소지를 극복하고 이들 권리를 향유하기 위해 스스로 동의한 계약을 통해 자연 상태에서 시민사회로 전환된다고 주장했다. 주요 저서는 〈인간오성론〉, 〈통치론〉 등.

바뤼흐 스피노자(Baruch Spinoza. 1632-77)：네덜란드 철학자. 범신론(汎神論) 사상을 역설하면서도 정작 무신론자이자 유물론자였다. 주요 저서는 〈에티카〉 등.

G. W. 라이프니츠(Gottfried W. Leibniz. 1646-1716)：독일 철학자, 수학자. 수학·논리학·신학·역사학 등에 많은 업적을 남겼으며, 미적분법에 관한 연구는 미분법, 적분법의 기초가 되었다. 주요 저서는 〈단자론(單子論)〉 등.

조지 버클리(George Berkeley. 1685-1753)：아일랜드 철학자, 성공회 주교. 지각하는 것만이 실체이고, 지각하지 못하는 것의 실체는 없다면서 극단적 경험론을 주장했다. 주요 저서는 〈해석자〉 등.

임마누엘 칸트(Immanuel Kant. 1724-1804)：독일 철학자. 데카르트의 합리주의(도리·이성·논리가 일체를 지배한다고 보고, 비합리와 우연적인 것을 배척)와 베이컨의 경험주의(관찰과 실험을 중시)를 종합해 비판

철학을 탄생시켰다. 주요 저서는 〈순수이성비판〉, 〈실천이성비판〉, 〈판단력비판〉 등.

블레즈 파스칼(Blaise Pascal. 1623-62): 프랑스 수학자, 물리학자, 철학자. 근대 확률이론을 창시했고, 신의 존재는 이성이 아니라 심성을 통해 체험할 수 있다는 종교적 독단론을 펼쳤다. 주요 저서는 〈명상론〉 등.

니콜라스 말브랑슈(Nicolas de Malebranche. 1638-1715): 프랑스 철학자, 사제. 신의 본성은 증명을 요하지 않는 직접적인 확실성을 지니며, "신 안에서 모든 것을 본다"고 주장했다.

토머스 레이드(Thomas Reid. 1710-96): 스코틀랜드 철학자. 상식학파의 창시자에 속하며, 감각작용의 인식론으로 유명하다. Reid는 '리드'로도 발음. 주요 저서는 〈상식원리에 의한 인간 정신의 연구〉 등.

데이비드 흄(David Hume. 1711-76): 영국 철학자, 경제학자, 역사가. 회의주의자로 분류되지만, 인간의 인식능력 밖에 있는 대상에 대해서만 회의주의적 태도를 취했다. 존 로크, 조지 버클리 같은 경험주의자들로부터 커다란 영향을 받았으며, 토머스 홉스의 계약설을 비판하고 공리주의를 지향했다. 주요 저서는 〈인성론〉 들.

　　데카르트는 〈철학의 원리〉가 물리학과 철학에 관한 그의 모든 이론을 아우르는 종합서가 되기를 바랐다. 따라서 이 책은 수많은 정보로 가득하지만 편리하게도 이해가 쉽도록 4부분으로 나눴으며, 논리적으로 연결된 원리들의 집합체를 구성하는 각 부분에는 숫자와 제목을 붙여놓았다. 제1부는 오늘날 우리가 '철학'이라고 부를 수 있는 유일한 부분이며, 데카르트의 인식론과 형이상학에 대한 설명이다. 그리고 나머지 부분은 소위 오늘날의 '과학'인 데카르트의 자연철학을 다루는데, 제2부에서는 자신의 물리학 원리를 펼치고, 제3부와 제4부에서는 이 원리를 사용하여 각각 우주와 태양계의 구조에 대한 이론과 지구의 다양한 현상 및 지구의 기원을 탐구하며, 1649년 〈정념론〉을 출간할 때까지 완전히 해결하지 못한 생리학과 심리학 이론의 파편들로 결론을 맺고 있다.

　　〈철학의 원리〉의 철학 부분은 대체로 〈성찰〉에서 끌어낸 결론들을 진술하고 있으며, 역시 우리의 모든 지식을 의심하는 것으로 그의 논의를 시작한다. 그의 목적은 우리가 아무것도 모른다는 사실을 주장하는 것이 아니라, 우리가 확실하게 알 수 있는 것이 존재하는지의 여부를 결정하는 것이다. 그는 제7원칙에 의해 우리의 모든 의심스런 신념들 중에서 하나의 확실한 지식인 의심할 수 없는 진리, 즉 '나는 존재한다'는 사실을 밝혀냈으며, 이 사실과 몇 가지 논리 원칙, 그리고 소위 몇 가지 본유관념들만 사용하면 신의 존재, 올바르게 사용되었을 때의 자기 이성능력의 신빙성, 외부 세계의 존재, 정신과 물체의 본질을 증명할 수 있다.

여기서 끌어낸 두 가지 결론은 이 책의 나머지 부분이 취할 계획에 특히 중요하다. 첫째, 세상에 대해 우리에게 진실을 말해 주는 명석판명한 지각들을 믿을 수 있다는 것을 증명함으로써 나머지 논의를 인도할 방법론의 신빙성을 확보한다. 데카르트는 이런 주장을 확립함으로써 우리가 계속해서 그의 방법을 올바르게 사용하는 한(가장 자명한 원칙들에서부터 의심할 수 없는 논리 연쇄를 거쳐 더 큰 주장으로 진전되면) 실제적인 사실을 발견할 수 있다고 보장했다. 신이 우리 이성능력의 작동을 책임지고 있으며 모든 면에서 완벽한 신이 우리에게 잘못된 능력을 주면서 의도적으로 잘못 인도하지는 않으리란 점을 보증함으로써 이런 보장을 확보한다. 둘째, 물체는 연장된 실체에 불과하다. 이 주장으로 인해 데카르트는 물리학을 기하학에 융합시키고, 물리적 세계의 모든 현상을 몇 가지 단순한 기하학에 근거한 원칙으로 설명할 수 있게 된다.

이 시도는 제2부의 주제다. 제2부는 물체가 연장된 실체에 불과하다는 주장에 대한 논증을 재진술하면서 시작되고, 이어 그렇지 않다고 느끼는 우리의 직관을 정당화한다. 그렇게 되면 데카르트 물리학의 나머지는 연장된 물체의 기하학적 특성들로부터 연역된다. 데카르트 물리학의 공식화에서는 공간과 운동에 대한 그의 논의가 중요하다. 데카르트에 의하면, 공간은 감지할 수 없는 물체에 불과하다. 다시 말해, 공간과 물체는 실제로 똑같은 것이다. 공간이 비어 있다고 말하는 것은 논리적이지 않고, 공기만 들어 있는 물주전자를 비어 있다고 말하는 것이나 같다. 공간이란 무한히 쪼개질 수 있는 물체 또는 연장된 실체로 가득 찬 물질충만 공간이다. 이렇게 연속적으로 연장된 실체로부터 특정 물체들(행성, 사람, 꽃, 미세부분, 등)의 개별화는 전적으로 운동에 의존한다. 이런 관점에서 보면 운동은 어떤 기묘한 특성을 띠고 있으며, 무엇보다도 형태처럼 단순히 연장되는 방식일 뿐이다. 게다가 물질충만 공간 내에서 운동을 가능케 하려면, 데카르트는 물질충만 공간의 거대한 부분들에 걸쳐 동시에 이뤄지는 운동의 완전한 순환에 대해 복잡한 이야기를 해야 한다. 그는 운동역학을 통해 우주에는 무수한 미세부분이 존재한다는 결론에 도달한다. 제2부는 데카르트의 운동에 관한 세 가지 자연법칙으로 끝을 맺는다.

　제3부는 관찰될 수 있는 우주의 현상으로 넘어간다. 데카르트는 제2부에서 확립된 원칙들만 사용하여 행성의 운

동, 우주에 있는 모든 요소들의 구성, 그리고 빛의 특성 등을 연역할 수 있게 된다. 그런데 가톨릭교회와 갈릴레오의 싸움에 크게 영향을 받은 때문인지는 몰라도 지구의 운동을 이상하고 복잡하게 설명한다. 움직이면서 움직이지 않는 지구. 이 그림에 의하면, 전체 하늘은 태양 주위를 운동하는 유동적인 소용돌이처럼 행동하지만, 지구는 그 소용돌이 속에서 위치를 바꾸지 않는다.

제4부에서는 자신의 해석상 원칙들에 따라 지구에 대해 거침없이 이야기한다. 먼저 지구의 기원, 이어서 중력, 자기성(磁氣性), 조수, 열기, 화학의 결론들에 대해 설명하고, 끝으로 인간의 감각과 감정에 대해 논의한다.

● **후천적인** *posteriori* | 세계를 관찰함으로써 도달하는. 후천적 사실은 후천적 추론(세상에서 관찰된 사실을 포함하는 추론)을 통해 도달한다. 예를 들면, 존이 금발이란 사실은 후천적인 추론에 근거한 후천적 진실이 될 것이다. 열은 분자운동이란 사실은 또 다른 후천적 사실이 될 것이다. 많은 철학자들은 세상에 대한 모든 실재적 사실들이 후천적이라고 주장한다.

● **선험적인** *priori* | 세상에 대한 관찰 없이도 도달할 수 있는. 선험적 추론은 사유들 사이의 논리적 연결에만 의존한다. 예를 들면, 독신자들이 결혼하지 않았다는 사실은 선험적 진실이다. 이 주장이 옳다는 결정을 내리기 위해서는 세상 밖으로 나가 모든 독신자를 조사할 필요가 없다. 관계된 단어의 의미를 이해하면 그 주장이 진실임을 알게 되는 것이다. 많은 철학자들은 모든 선험적 진실이 "모든 독신자들이 결혼하지 않았다"와 같은 항진 명제라고 믿는다. 비록 이 용어가 데카르트의 생전에는 사용되지 않았지만, 데카르트는 선험적 추론이 세상의 존재 방식에 대한 실재적인 주장을 생산해낼 수 있다고 믿은 철학자의 사례가 될 것이다.

● **명석판명한 지각** clear and distinct perception ｜ 데카르트의 정의에 의하면, 그 자체로 너무 자명해서 정신 속에 수용되어 있는 한, 논리적으로 의심될 수 없는 지각. 그 예에는 "A=A"와 "나는 존재한다" 같은 명제들이 포함된다. 데카르트에 따르면, 모든 지식은 명석판명한 지각들로부터 생겨나는 것으로 되어 있고, 어떠한 명제도 명석판명하게 지각되지 않으면 참으로 판단되어서는 안 된다.

● *cogito ergo sum* ｜ "I am thinking, therefore I exist.(나는 생각하고 있다. 고로 나는 존재한다.)"의 라틴어. 때때로 줄여 '*cogito*'라고 하는데, 데카르트가 〈철학의 원리〉 제1부에서 만난 최초의 확실한 진실이다.

● **경험론** empiricism ｜ 인간 지식과 관련된 다양한 철학적 학설에 붙여진 집합적인 명칭. 일반적으로 경험론자들은 지식은 오로지 경험을 통해서만 생겨나고, 인간들은 전혀 지식 없이 태어난다고 믿는다. 경험주의. 로크 이외에 유명한 경험론자는 버클리, 레이드, 흄, 루돌프 카르납*, G. E.

---

* **루돌프 카르납**(Rudolph Carnap. 1891-1970): 독일 태생의 논리실증주의 철학자. 검증 불가능한 형이상학적 물음을 배제하고, 주로 논리학과 수학의 기초에 관해 연구했다. 주요 저서는 〈과학철학 입문〉 등.

무어*, W. V. 콰인** 등.

● **인식론** epistemology | 지식의 기원, 구조와 범위, 방법 등을 탐구하며, 믿음·사상과 관련된 철학의 분파. 인식론적 질문들은 "지식이란 무엇인가?" "어떻게 우리는 증거에 기반해서 믿음을 형성하는가? 우리가 알 수 있는 것은 무엇인가?" 등이다.

● **본질** essence | 스콜라 철학에서 중요시하는 개념. 어떤 것을 그것이 되게 만드는 성질. 예를 들면, 인간의 본질은 합리적인 사고라고 여겨졌다. 인간을 다른 모든 존재들과 구별되게 하는 것이 합리적인 사고이기 때문. 칼의 본질은 자르는 능력일 것이다. 데카르트는 세계 안에는 단지 두 개의 본질—정신의 본질인 사유와 물체의 본질인 연장—이 있다는 것을 논증하려고 애썼다.

● **연장** extension | 물체의 주된 속성. 연장된다는 것은 길

---

* **G. E. 무어**(George E. Moore. 1873-1958): 영국 철학자. 논리적 수단을 동원해 철학에 스며든 난해한 비경험적·형이상학적 요소를 배제하고 개념의 명료화를 추구했다. 주요 저서는 〈윤리학 원리〉 등.

** **W. V. 콰인**(Willard V. Quine. 1908-2000): 미국 논리학자, 철학자. 논리학을 연구해 그 성과를 철학에 응용했고, 체계적인 언어학의 틀 안에서 철학의 일반 주제를 다루었다. 주요 저서는 〈말과 대상〉 등.

이, 너비, 깊이, 높이를 갖는다는 의미.

● **형상적 실재성** formal reality | 현실적으로 존재하는 사물이 갖는 실재성. 흔해빠진 보통 실재성이며, 유한, 무한, 양태의 세 등급으로 나타난다. 오직 신만이 무한한 실재성을 가지며, 모든 실체는 유한 실재성을, 모든 성질은 양태적 실재성을 갖고 있다. 이 개념은 신의 존재에 대한 데카르트의 인과 논증에 매우 중요하다. '표상적 실재성' 참고.

● **본유관념** innate idea | 태어날 때, 정신 속에 있는 관념. 데카르트는 특정 수학적 관념들(기하학 형태에 대한 관념), 형이상학적 관념들(신과 본질에 대한 관념들), 영원한 진리들(어떤 것이 무에서 올 수는 없다는 진리)이 생래적으로 정신 속에 존재한다고 믿었다. 이 관념은 그의 지식이론에서 중심적 역할을 한다.

● **양태** mode | 데카르트에 의하면, 어떤 특정한 실체가 되는 방식. 물체의 모든 양태는 연장되는 일정한 방식이며, 그 예는 기하학의 도형 등이다. 정신의 모든 양태는 사유의 일정한 방식이며, 그 예는 일각수를 상상하는 것, 저녁식사로 내가 스테이크를 먹겠다고 믿는 것, 네가 가기를 원하는 것, 등이다.

● **신기계론** new mechanic science　산만하고 복잡한 스콜라 철학의 세계 모형을 보다 단순한 묘사로 대체하려고 노력했으며, 17세기에 엄청난 인기를 얻었다. 이 견해에 의하면, 물체와 운동의 원리들에 의해 모든 설명이 가능하다. 기계론 진영 내에는 이러한 원리들이 무엇이 되어야 하는가를 놓고 매우 다양한 경쟁 이론들이 있었으며, 데카르트의 이론도 그 가운데 하나였다.

● **표상적 실재성** objective reality │ 정신 안의 대상으로서의 존재. 데카르트는 표상적(대상적) 실재성을 오직 관념들에만 적용하며, 그림과 같은 표상적 실재물이 표상적 실재성을 갖는지의 여부는 말하지 않는다. 하나의 관념이 가진 표상적 실재성의 크기는 오직 표상된 사물에 포함된 형상적 실재성의 크기에 근거해서 결정된다. 신의 관념은 무한한 표상적 실재성을 갖고, 사촌이 있다는 가정 하에서 사촌의 관념은 유한한 표상적 실재성을 가지며, 빨강색의 관념은 양태의 표상적 실재성을 갖는다. 표상적 실재성의 개념은 신의 존재에 대한 데카르트의 인과적 논증에 매우 중요하다. '형상적 실재성' 참고.

● **존재론** ontology │ 존재에 관한 물음에 관심을 갖는 철학의 분야이며, 형이상학의 하위 범주.

● **신의 현존에 대한 존재론적 논증** ontological argument for God's existence | 존재가 바로 신의 관념에 속한다면서 신이 존재한다는 결론을 주장하는 것. 비록 데카르트가 이런 유의 논증은 해도 최초는 아니며, 스콜라 철학의 시조 가운데 한 사람인 안셀무스(St. Anselm of Canterbury. 1033-1109)가 존재론적 논증에 대해 가장 유명한 공식을 내놓았다. 심지어 플라톤*도 〈파이돈 *Phaedo*〉**에서 이런 유의 논증을 하는 것 같다. 존재론적 논증의 인기는 칸트가 치명적인 논리적 오류를 밝혀낸 후에 극적으로 쇠퇴했다. 존재론적 논증은 존재 동사(to be)를 다른 특성들처럼 하나의 특성, 즉 어떤 것이 가질 수 있거나 가질 수 없는 특성으로 간주한다. 사실, 존재는 하나의 특성으로서는 매우 독특한 것이다. 왜냐하면, 어떤 것이 존재하지 않는다면, 아무것도 갖거나 갖지 않기 때문이다. 단지 존재하지 않을 뿐인 것.

● **물질충만 공간** plenum | 데카르트는 공간이 물체로 완

---

* **플라톤**(Plato. 428?-347 B.C.?): 그리스 철학자. 소크라테스의 제자이자 형이상학의 수립자. 논리학·인식론 등에 걸쳐 광범위한 철학체계를 전개했으며, 영원불변의 개념인 이데아(Idea)를 통해 존재의 근원을 밝히려고 했다. 주요 저서는 〈소크라테스의 변명〉 등.

** 〈**파이돈**〉: 영혼불멸의 문제를 주로 다룬 작품. 소크라테스가 사형선고를 받고 아테네의 감옥에 수감되어 있던 나날들에 대해 파이돈이 에케크라테스에게 영혼불사(靈魂不死)의 증명을 주제로 삼아 이야기하는 형식을 취하고 있다. 파이돈은 소크라테스의 최후를 지켜본 인물. 그러나 플라톤의 본래 목적은 필로소피아란 곧 죽음 훈련이며, 무덤으로서의 육체에 대한 초극이란 입장에서 항상 영원한 실재(實在)를 생각하며 생사에 관해 깊이 사색할 것을 권장하는 데 있다.

전히 채워져 있으며, 따라서 진공보다는 물질충만 공간이
라고 묘사하는 것이 더 정확하다고 믿는다.

● **제1성질** primary qualities | 크기, 형태, 운동 등, 대상
자체의 고유한 성질. 데카르트에 의하면, 이 성질들은 우리
가 그것들을 지각하는 상태에 대략 대응하는 방식으로 외
부세계에 실제로 존재한다. 제2성질 참고.

● **주된 속성** primary attribute | 어떤 실체가 무엇인지를
결정하는 속성. 데카르트에 의하면, 모든 실체가 이것을 가
지고 있다. 세계에는 정신과 물체라는 두 가지 실체만 존재
하기 때문에 이들과 관련된 주된 속성인 사유와 연장만 존
재한다. 실체와 주된 속성의 관계는 지극히 강해서 실체는
주된 속성 없이는 존재할 수 없거나 심지어 생각될 수도 없
다. 연장 없는 물체 또는 사유 없는 정신은 논리적으로 모
순이다.

● **합리론** rationalism | 유사한 경향들이 특징인 여러 철학
체계들에 붙여진 집단적인 명칭. 합리론자들은 이성은 지
극히 강하고, 이성을 사용하면 우리가 알아야 할 거의 모든
것을 알 수 있게 된다고 믿는 경향이 있다. 합리주의. 유명
한 인물로는 데카르트, 스피노자, 라이프니츠 등.

● **제2성질** second qualities | 색깔, 향기, 냄새, 맛, 열, 차가움, 고통, 즐거움 등, 대상이 지닌 힘이 감각기관과의 관계에서 변양되어 우리에게 관념을 일으키는 성질. 데카르트에 의하면, 이 세상에는 이러한 성질들에 관한 우리의 관념과 대응하는 것이 없다. 예를 들면, 우리에게 '빨강색'으로 보이는 것은 실제로는 특정한 크기, 형태, 운동을 통해 우리 몸 안에서 빨강이란 감각을 이끌어내는 힘을 지닌 미립자들의 무색 배열에 불과하다.

● **스콜라 철학** Scholastic philosophy/ Scholasticism | 중세 시대에 기독교를 연구하고 조직화하기 위해 부수적으로 연구한 철학. 계몽주의 시대까지 존재한 서구 유럽의 주도적인 사상학파. 그리스의 철학적 방법에 따라 신의 존재 증명과 기독교 교리를 연구했던 스콜라 철학자들은 아리스토텔레스의 학설을 엄격하게 추종했다.

● **실체** substance | 스콜라 철학자들에 의하면, 존재의 가장 기본적인 단위였다. 데카르트는 여기에 동의하면서도 이 세계에 수없이 존재하는 실체들을 세 가지 유형—신, 정신, 물체—로 축소했다.

● **사유** thought | 정신의 주된 속성. 데카르트의 정의는

매우 광범위한데, 상상하고, 감각하고, 추론하고, 믿고, 소망하고, 의심하고, 의도하는 등의 모든 정신 작용을 포함한다. 사유의 기준에 대해서는 논란이 있다. 많은 철학자들은 데카르트가 의식을 사유의 표시로 믿었다고 생각한다. 그리고 개중에는 데카르트가 사유를 표현적인 모든 것으로 정의했다거나 사유가 이들 두 기준의 조합에 의해 결정되는 것으로 믿었다고 주장하는 철학자들이 있다.

감각의 불확실성

　모든 사람은 정보와 지식을 얻기 위해 감각에 의지한다. 우리는 세상이 어떤 모습인지 알고 싶을 때 주위를 둘러보고, 듣고, 맛보고, 냄새를 맡아보고, 만져본다. 심지어 과학 실험도 감각에 의존한다. 두 가지 화학물을 섞어 그 결과를 관찰하거나 또는 여러 개의 베어링을 떨어뜨려 어떻게 작용하는지를 관찰하는 것. 데카르트는 몇몇 지식에서는 감각이 요구된다고 인정하면서도 지나치게 감각적 관찰에 의존하는 것을 경계한다. 가령, 눈을 사용하지 않는다면 책상 위에 어떤 책이 있는지 알 수 없겠지만, 과학을 할 때는 항상 감각적 입력이 필요하다고 믿지 않고, 오히려 감각들이 우리를 잘못 인도할 뿐이라고 확신한다. 과학이란 관찰보다는 지성의 관념들 사이에 나타나는 논리적 연결들을 추적함으로써 엄격히 진전되어야 한다는 것. 감각은 우리가 이 추론에서 사용하는 관념들을 심지어 최초로 제공하지도 않는다. 우리는 지성 속에 그 관념들을 갖고 태어난다.

　따라서 데카르트는 감각에 대한 우리의 믿음을 손상시키기 위한 두 가지 회의적 고민거리로 〈철학의 원리〉를 시작하면서, 먼저 우리의 감각이 체계적으로 우리를 잘못 인도하고 있다고 지적한다. 에를 들어, 반듯한 막대기를 물속을 통해 보면 굽은 것처럼 보인다. 그리고 멀리 떨어져서 사물을 보면 실물보다 훨씬 작거나 다른 모양으로 보이는 경향이 있다. 감각들은 주기적으로 불확실할 뿐만 아니라 계속 고집스럽게 믿을 수 없다. 잠잘 때 종종 생시와 구분할 수 없는 감각들을 갖게 되지만, 꿈속의 감각들이 현실과 다르다는 것을 인정한다. 그렇다면, 우리가 깨어 있을 때의 감각들을 더 확신하는 이유는 무엇인가? 우리는 어느 특정 감각이 꿈이 아니란 것을 어떻게 아는가? 우리는 알 수가 없다. 따라서 데카르트는 감각들에 전혀 의존하지 않는 것이 낫고, (과학에서처럼) 확실한 지식을 추구할 때는 적어도 의존하지 말라고 결론짓는다.

명석판명한 지각

데카르트는 지식탐구에서는 순수한 지적 관념들에 의존하라고 제안한다. 이 관념들을 자세히 뜯어본 후에 그것들의 논리적 결과들을 연역하면, 가능한 모든 인간 지식에 도달할 수 있다는 것. 그러나 우리는 지성에서 발견하는 옛날 관념들로부터 추론 과정을 시작하지 않도록 조심해야 한다. 판단은 관계된 관념들이 명석판명할 때 확실해질 수 있을 뿐이다. 지각이 명석판명할 때만 우리는 그 지각으로부터 지식으로 나아갈 수 있다. 따라서 명석판명한 지각은 데카르트의 연장통에서는 가장 중요한 도구다.

명석판명한 지각은 우리가 동의하지 않을 수 없는 지각일 뿐이다. 그 개념을 품고 있는 한, 그것을 의심하면 논리적 모순에 빠진다. 따라서 2+2=4라는 지각은 명석판명한 지각으로 여겨질 것이다. 당신이 관계된 용어의 의미를 알고 있는 한, 이 주장의 진실을 일관성 있게 의심할 수는 없다. 데카르트는 이와 똑같은 현상이 "존재할 수 있는 동시에 존재할 수 없는 것은 하나도 없다"와 "나는 생각하고 있다. 고로 나는 존재한다" 같은 명제에도 유효하다고 믿는다.

명석판명한 지각들이 정신 앞에 있으면 의심할 수 없지만, 일단 의식에서 떨어져 나가면, 다시 의심이 기어들 수 있다. 만약 당신이 2+2=4라는 명제를 간직하지 않고 직접 도달한 결론만 기억한다면, 그 결론의 타당성을 의심하기 시작할지 모른다. 당신은 추론이 이뤄지고 있는 동안 그 추론이 생각했던 것처럼 실제로 빈틈이 없는지, 어쩌면 어떤 사악한 과학자가 그 사유를 당신의 정신 속에 집어넣은 책임이 있는지 궁금할지 모른다. 명백히 말해 명석판명한 지각이 의식에서 떨어져 나갈 때마다 의심이 계속 다시 기어들 수 있는 한, 명석판명한 지각들은 지식탐구에서 많은 도움이 되지 않을 것이다.

따라서 데카르트가 명석판명한 지각들의 참을 보장하기 위해 신에게 호소하기 때문에 우리는 심지어 그 지각들을 간직하지 않게 되더라도 믿을 수 있다. 그의 주장에 의하면, 신이 우리를 창조했고, 이와 같이 우리의 이성능력도 창조했다. 그러므로 신은 우리의 명석판명한 지각들을 책임진다. 신은 우리의 창조자이면서 또한 무한히 완벽하다. 그러나 우리의 명석판명한 지각들이 신뢰받을 수 없다면 신도 결코 완벽하지 않을 것이며, 심술궂고 사악한 기만자일 것이다. 무한하게 완벽한 신이라면, 실제로 거짓인 지각들을 의심할 수 없는 진실로 제시하는 능력을 결코 우리에게 주지 않을 것이다. 따라서 우리는 명석판명한 지각들을 믿을 수 있다. 지각이 계속되는 동안 명석판명한(즉 의심할 수 없는) 지각을 통해 하나의 결론에 도달했다는 것을 기억하는 한, 우리는 그 결론이 참임을 무조건 확신할 수 있는 것이다.

연장된 실체로서의 물체

가장 중요한 명석판명한 지각은 연장이 물체의 본질이라는 지각일지 모른다. 데카르트 물리학의 전부를 가능케 하는 것이 이 지각이다.

물체의 본질이 연장이란 말은 연장이 물체의 가장 중요한 특성이라기보다는 물체가 단순히 연장이란 의미다. 물체가 되는 것은 연장된 사물이 되는 것이다. 연장이 존재하면 물체가 존재하고, 물체가 존재하면 연장이 존재한다.

연장은 차원에 불과하다. 물체들은 길이, 너비, 깊이라
는 세 방향의 연장을 갖고 있다. 따라서 물체가 되는 것은
단순히 길이, 너비, 깊이를 갖는 것이다. 그러나 물체들은
단순히 길이, 너비, 깊이 이상의 성질들을 갖고 있는 것이
분명하다. 예를 들면, 물체들은 특정 형태를 갖고 있다. 그
러나 이들 다른 성질들은 단순히 연장되는 일정한 방식(연
장의 양태)일 뿐이다. 하나의 물체는 정사각형, 원, 12면체,
혹은 다른 어떤 상상 가능한 형태로 연장될 수 있다. 크기
도 연장되는 일정한 방식일 뿐이다. 하나의 물체는 5피트×
12피트×12인치나 30센티미터×30센티미터×30센티미터
등으로 연장될 수 있다.

물체들은 색깔, 소리, 맛, 냄새, 열, 냉기 같은 다른 종
류의 특성도 갖고 있는 것 같다. 어떻게 이것들이 연장의
일정한 양태가 될 수 있을까? 이것들은 연장의 양태가 아니
며, 따라서 실제로 물체의 특성도 아니다. 물체의 모든 특성
은 연장으로부터 반드시 연역될 수 있어야 하는데, 연장과
는 아무런 관계가 없다. 따라서 이 특성들은 실제로 물체에
속하지 않는데, 적어도 우리가 지각하는 방식에서는 물체
에 속하지 않는다.(그 특성들이 우리 내부에서 이 성질들에
대한 감각을 이끌어내는 힘을 지닌 미립자들의 크기, 형상,
운동의 배열에 불과하다고 한다면, 물체 속에 존재한다고
말할 수 있을지 모르겠다. 아니면, 이 성질들이 우리의 정신

속에 존재한다고 말할 수도 있을 것이다.)

데카르트는 물체로부터 연장과 연장에서 연역되는 특성들을 제외한 모든 것을 제거함으로써 물리학 연구를 기하학(연장된 물체들에 대한 수학) 연구로 바꾼다. 그 결과, 이제는 수학의 확실성을 자연세계의 연구에 끌어들일 수 있게 되었다.

감각될 수 없는 물체로서의 공간

데카르트는 물체가 되는 것은 단지 연장되는 것이기 때문에 빈 공간 같은 것은 존재하지 않는다고 믿는다. 우리가 물체들 사이의 빈 공간이라고 전형적으로 생각하는 것—예를 들면, 침대와 바닥 사이의 공기 부분—은 실제로 감각될 수 없는 물체다. 침대와 바닥 사이의 그 공간은 연장을 갖고 있으며, 1피트×5피트×6피트이다. 따라서 그 공간은 물체다.

공간과 우리가 물체라고 생각하는 대상들 사이의 유일한 차이는 공간이 감각적 성질들을 갖고 있지 않다는 점이다. 공간이란 보거나 냄새 맡거나 느낄 수 없지만, 그 외에는 자동차나 곤충 혹은 행성과 전혀 다르지 않다.

전 세계가 물체로 가득 차 있기(물체들 사이에 빈 공간이 존재하지 않기) 때문에, 데카르트는 전체 우주를 채워져 있다는 뜻의 '플리넘'이라고 부른다. 공간이 '플리넘'이란 관념은 행성운동의 소용돌이 이론, 빛의 구면(球面) 이론, 지구와 하늘의 물질이 똑같다는 중요한 증명, 등의 수많은 흥미로운 결론으로 이어진다.

연장의 양태로서의 운동

운동은 물리학 연구에서 중요한 개념이기 때문에 데카르트에게는 운동이 연장의 양태임을 증명하는 것이 중요하다. 만약 운동이 연장되는 하나의 방식이 아니라면 전체 물리학 연구는 기하학의 원칙들에서 실제로 연역될 수 없을 것이다. 따라서 데카르트는 운동을 물체들이 위치를 이동하는 행위라고 파악하는 일반적인 인식을 거부한다. 운동이 물체들 자체를 벗어나면 아무것도 아니란 주장에 반대하는 것. 운동은 단지 물체들의 상대적 위치에 대한 함수다. 데카르트에 따르면, 운동한다는 것은 (정지 상태로 간주되는) 한 집단의 (인접한) 물체들에서 다른 집단의 물체들로 이동하는 것이다.

'인접한'이란 말이 중요한데, 운동이 전적으로 상대적인 것이 되지 않도록 해주기 때문이다. 모든 물체는 모든 순간에 다른 사물들과 관련해서가 아니라 어떤 사물들과 관련하여 위치를 이동하는 것이 분명하다. 만약 지금 의자 위에 가만히 앉아 있다면, 당신은 그 의자나 방의 다른 물건들이 아니라 다른 행성들에 대해 운동 상태에 있다. 왜냐하면, 지구 자체가 돌고 있기 때문이다. 데카르트는 어떤 것이 정지하거나 운동하고 있다고 우리가 절대적으로 말할 수 있도록 하기 위해 '인접한'이란 말을 덧붙인 것이다. 엄격히 말해, 물체의 운동은 그것이 공통의 표면을 공유하는 다른 물체들과 연관되어서만 결정된다. 당신이 의자에 가만히 앉아 있다면, 당신은 운동하는 것이 아니다. 왜냐하면, 당신은 천체가 아니라 오직 의자와 공통된 표면을 공유하는 것이기 때문이다.

유사한 이유 때문에 '정지 상태로 간주되는'이란 말도 중요하다. 실제로 운동은 인접한 물체들에 대한 위치 이동일 뿐이기 때문에 B 역시 A로부터 멀어지지 않고서는 A가 B로부터 멀어질 수는 없기 때문이다. A, B가 모두 서로에 대해 위치를 바꾸고 있는 것이다. 누군가가 지구가 돌고 있다고 주장하는 것을 교회가 원치 않는다는 사실이 없다면, 이 내용은 괜찮다. 수많은 인접한 물체들이 지구와 연관하여 운동하고 있는 것은 분명하다.(예, 대기의 미립자들) 만약 어떤 A가 움직이기 위해 B가 운동해야 한다면, 지구 자체도 반드시 운동해야 한다. 따라서 데카르트는 '정지 상태로 간주되는'이란 말을 덧붙였다. 실제로 A가 움직이면 B도 움직여야 하지만, A의 운동을 조사할 때는 B는 움직이지 않는 것으로 간주한다.

감각이론

　　감각들이 지식탐구에서 거의 완전히 무시되어야 한다고 가정할 때, 데카르트는 과연 어디에 쓸모가 있을 것이라고 생각하는가? 실제로 그는 그것들이 본래 의도되었던 일, 즉 우리가 세상을 살아나갈 수 있도록 해주는 정보들을 제대로 제공한다고 생각한다. 감각들은 (우리의 지적 관념들을 책임지는) 정신에 속하지 않고, 과학적 추론을 위해 지성에 자료를 제공하는 지성의 보조역할을 하기로 되어 있는 것도 아니며, (인간을 형성하기 위해 약간 신비스런 방식으로 정신에 결합된) 신체에 속하는 것도 아니다. 감각들은 정신과 신체의 통합체(전인적 인간)에 속하며, 이 통합체에 이익이 되는 것과 해가 되는 것을 말해 준다.

　　감각은 다양한 기관들을 뇌(정신의 신체적 바탕)에 연결하는 일련의 신경 경로를 통해 작동한다. 공기, 물, 다른 대상들 속의 아주 작은 물체들에 의해 영향을 받은 눈, 귀, 코, 입, 피부는 신경 신호를 두뇌에 보내 감각을 낳는다. 명백히 말해 이 그림의 가장 신비로운 부분은 신체적인 두뇌의 신경 자극이 어떻게 비신체적인 정신에서 감각들을 생산할 수 있는가, 하는 점이다. 데카르트는 이 같은 정신-신체 상호작용에 대한 수수께끼에 적절한 답을 하지 못하고 있다.

Part별 정리 노트

Part 1
인간 인식의 원리들에 관하여

1-7 ‖ 의심과 *cogito*

데카르트는 우리의 모든 믿음을 의심하라며 제1부를 시작한다. 이렇게 하면 감각에 대한 의존으로부터 벗어날 수 있고, 그 결과 우리는 순전히 지적인 진리를 숙고하기 시작할 수 있다.

의심은 두 가지 단계로 시작된다. 첫 번째 단계에서는 우리가 감각적 지각들로부터 얻은 모든 믿음을 의심하고, 두 번째 단계에서는 심지어 우리의 지적인 믿음들조차 의심한다.

데카르트는 우리의 감각적 지각들이 우리에게 진리

를 말해 준다는 것을 의심할 두 가지 이유를 제시한다. 첫째, 감각은 우리를 속인다고 알려져 왔다. 그가 마음속에 두고 있는 체계적인 기만의 예는 물속에서 보면 굽어 있는 곧은 막대기의 모습과 거리로 인해 생겨나는 왜소함의 시각적 환상 같은 현상 등이다. 두 번째 의심은 더욱 극적이다. 심지어 적절한 관찰 조건들(예. 가까이, 물이 개입하지 않는, 등) 하에서도 우리의 감각을 믿을 수 없다는 것이다. 왜냐하면, 잠잘 때의 감각들이 종종 깨어 있을 때의 감각들과 구분되지 않기 때문이다. 우리는 그 같은 꿈속의 감각들이 현실과 일치하지 않는다는 것을 인정하는데, 그렇다면 깨어 있을 때의 감각들을 더 확신하는 이유는 무엇인가? 우리는 우리에게 알려지지 않은 원인들로부터 생겨난 어떤 특별한 감각이 꿈이 아니란 것을 어떻게 알게 되는가? 이것은 '꿈의 논증'으로 널리 언급된다.

이어서 데카르트는 우리의 수학적 증명과 다른 자명한 진리들을 의심하면서, 그 방법으로 사람들이 때때로 이 주제들과 관련하여 오류를 범한다는 사실이 알려져 있다고 지적하고, 우리가 알고 있음에도 불구하고 신(또는 신보다 못한 존재)은 우리의 사유들을 조작하여 사물들이 실제로 그렇지 않을 때도 명백하게 보이게끔 한다고 덧붙인다. 이것은 보통 '악마의 논증'으로 불려진다.

우리의 모든 믿음을 손상시키려고 시도한 데카르트는

이 모든 시도를 거부하는 하나의 믿음을 밝혀낸다. 바로 우리가 존재한다는 믿음이다. 이 단계는 데카르트 논증에서 소위 ‘*cogito*’인데, “나는 생각하고 있다”의 라틴어 번역에서 파생되었다. 이 논증이 유명한 형식인 “나는 생각하고 있다. 고로 나는 존재한다”라고 진술된 곳이 유일하게 〈철학의 원리〉다. 자주 인용되면서도 좀처럼 이해하기 힘든 이 논증은 사유 행위가 존재를 증명한다는 것이다. 왜냐하면, 사람은 존재하지 않으면서 생각할 수는 없기 때문이다.

　　*cogito*는 철학에서 필시 가장 유명한 논증이지만, 실제로 무엇을 증명하기로 되어 있는 것인가? 데카르트가 그처럼 하찮은 지식 조각으로 〈철학의 원리〉를 시작하는 목적은 무엇인가? 이 질문에 대한 답을 알기 위해서는 *cogito*를 그 맥락 속에서 검토해야 한다.

　　*cogito*는 세상을 알게 되는 우리의 방법들에 대한 신뢰를 훼손하려는 의도를 가진 일련의 회의적 골칫거리를 바싹 뒤따라 등장한다. 데카르트는 우리가 감각을 사용하여 세상을 알게 될 수 없다는 것을 보여주고, 이어 이성이 우리를 어디까지 데리고 갈 수 있을지 질문한다. 그 답은 *cogito*가 제공한다. 이성은 그것이 의심할 수 없는 진리, 자

명한 진리에 전념하는 한 우리를 어딘가로 데리고 갈 수 있다. *cogito*의 첫 번째 중요성은 의심할 수 없는 진리의 최초 실례이자 데카르트가 명석판명한 지각이라고 부르게 되리란 것이다. 그는 의심할 수 없는 진리가 존재한다는 것을 보여줌으로써 지식의 확실한 기초를 세울 수 있는 기반을 확립한다. 우리는 의심스런 감각들에 의존하기보다는 정신 안에 있는 이런 명석판명한 지각들을 찾아낼 수 있다.(다른 많은 명석판명한 지각들이 존재하므로 이것은 데카르트가 발견한 단지 최초의 지각일 뿐이다.) 이어서 우리는 이런 명석판명한 지각들로부터 더 많은 지식을 끌어내기 위해 이성을 사용할 수 있는데, 바로 데카르트가 이 책의 나머지(사실은 그의 모든 저서)에서 활용하게 될 방법이다.

데카르트가 원리 5에서 의심한 수학적 증명들도 자명한 진리로 간주되기 때문에 그를 따른다면, 왜 회의적 골칫거리들을 즉각 사라지게 하는 것이 진리들 가운데 하나가 아니라 *cogito*인지 궁금할 수 있다. 나는 내가 존재할 수 있다는 것을 의심할 수 없듯이 2+2=4를 의심할 수 없다. 따라서 후자(2+2=4)가 아닌 전자만 회의적 공격을 격퇴한 이유는 무엇일까? 의심하는 그 행위에 의해 실제로 증명된 것이 *cogito*일 뿐이기 때문이다. 2+2=4를 의심한다는 말은 약간 어리석게 들릴 수 있을지 모르지만 논리적으로 모순되는 것이 아닌 반면, "나는 내가 존재한다는 것을 의심한다"는 진술은 논리적 모순이다. 만약 내가 존재하지 않는다면 나는 의심하는 능력을 가질 수 없다. 따라서 그 유명한 문구는 "나는 의심하고 있다. 고로 나는 존재한다"라고 쉽게 표현될 수 있다. *cogito*가 즉석에서 회의적 골칫거리들을 사라지게 하는 이유는 바로 이것이고, 반면에 다른 명석판명한 생각들은 즉각 의심의 먹잇감으로 전락한다.

데카르트의 초기 독자들을 비롯해서 많은 사람들은 실제 *cogito*가 논증으로 작동하는지에 대해 의심을 품어왔다. 단지 생각하고 있다는 행위로부터 당신이 존재한다는 것을 실제로 아느냐고 묻는 것. 이 논증을 끊임없이 공격하는 다양한 방법이 존재하지만, 모두 오독에 근거한다. *cogito*는 흔치 않는 철학적 즐거움 가운데 하나다. 이 논증은 올바르게 이해되는 한 간단히 논박될 수 없다. *cogito*에 대한 대부분의 반박들은 이 논증을 삼단 논법으로 재구성하려는 잘못된 시도 때문에 생겨난다. (1) 생각하고 있는 것은 무엇이든 존재한다. (2) 나는 생각하고 있다. (3) 고로 나는 존재한다. 분명히 이런 형태의 논증이 의심의 여지가 없는 것은 아니며, 첫 번째 주장의 참을 믿을 확실한 이유가 없다. 데카르트의 기막힌 논증을 이해하는 열쇠는 그것이 결코 삼단논법이 아님을 보는 것이다. 이 논증에는 오직 두 가지 단계만 존재한다. (1) 나는 생각하고 있다. (2) 고로 나는 존재한다. 우리의 존재를 증명하는 것은 바로 사유하는 행위, 즉 의심하거나 믿거나 감각하는 행위, 혹은 정신적인 우리가 할 수 있는 그 밖의 모든 것이다. 당신이 이들 가운데 한 가지를 하고 있다는 것을 알고 있으면, 당신이 존재한다는 사실을 아는 것이다. 왜냐하면, 존재하지 않고는 이런 일들을 할 수 없기 때문이다.

*cogito*에 대한 또 다른 일반적인 반박은 왜 정신적 작용들만 존재를 증명하느냐고 묻는다. 왜 "나는 점프한다. 고로 나는 존재한다"고는 말할 수 없느냐는 것. 그 이유는 점프 자체가 의심될 수 있기 때문이다. 그러나 명백한 이유들 때문에 우리가 생각하고 있고, 감각하고 있고, 의심하고 있고, 등은 의심할 수 없다. 우리는 우리가 감각하고 있는 것이 실제인지 또는 우리의 사유가 악마에 의해 야기된 것인지에 대해서는 의심할 수 있지만, 우리가 이런 감각이나 사유를 인식하고 있다는 것은 의심할 수 없다. 오직 이만큼만 결코 의심의 여지가 없는 것이다.

8-12 ‖ 생각하는 것

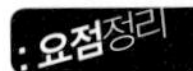

*cogito*는 데카르트의 존재뿐만 아니라 원리 8에서 지적하듯 심지어 그의 본성까지 증명한다. '나'는 생각하고 있는 것이다. 그 의미를 좀더 잘 이해시키기 위해 데카르트는 원리 9에서 '사유'의 정의를 내린다. '사유'라는 말은 우리가 의식하는 한 우리 안에서 일어나는 모든 것을 가리키며, 단지 추론이나 다른 지적 활동들뿐만 아니라 상상하고, 감각하고, 의도하고, 믿고, 의심하고, 바라고, 꿈꾸는 등의 모든 정신작용을 포함한다.

'나'는 생각하는 존재임을 증명한 데카르트는 우리의 정신이 신체보다 더 먼저 확실하게 인식된다는 것을 증명하고자 한다. 원리 11에서 진술된 논증은 다음과 같다. (1) 모든 속성이나 성질은 반드시 어떤 실체에 속해야 한다.(이것이 바로 속성이나 성질의 본성에 속하기 때문) (2) 우리는 어떤 실체에서 더 많은 속성을 발견하면 할수록 그 실체를 더 명석하게 인식한다. (3) 우리는 어떤 것의 속성을 인식할 때마다 우리 정신의 속성—우리가 알게 되는 속성이 무엇이든지 간에 그것을 알게 해주는 그 속성—도 인식한다. 게다가 우리는 문제된 다른 속성이 무엇이든지 간에 그것을 인식하는 것보다 훨씬 더 확실하게 이 정신의 속성을 인식하게 된다. 예를 들면, 우리는 꽃을 쳐다봄으로써 그것의 실체를 인식하게 된다고 생각할 수 있다. 그러나 우리는 그 꽃이 붉다고 판단하는 잘못을 저지를 수도 있다. 여기서 우리가 틀릴 수 없는 것은 판단을 내렸다는 것과 그런 감각을 가졌다는 사실이다. 그 결과, 정신이 존재한다는 우리의 지식이 강화된다.

우리의 정신이 신체보다 더 먼저 확실하게 인식된다는 결론은 직관에 반한다. 따라서 데카르트는 왜 그것이 우리에게 그토록 이상하게 여겨지는지 설명하려고 한다. 우리가 우리 정신을 아는 것만큼이나 혹은 그보다 더 확실하게 신체를 인식하고 있다고 생각하기 쉬운 까닭은 정신과 신체를 구별하지 못하기 때문이다. 따라서 우리 자신의 존재가 다른 어떤 것의 존재보다 더 확실하다고 깨달으면서도 이 사실로부터 그처럼 확실한 것이 정신이라기보다 신체의 존재라고 결론짓는 것이다.

'나'는 생각하는 것임을 증명하고 난 이후지만 정신이 신체보다 더 확실하게 인식된다는 것을 증명하기 전에 데카르트는 스콜라 철학자들이 당연히 그에게 퍼부을 반박, 즉 '존재'와 '인식' 같은 그의 주요 용어들을 확실히 정의하고 있지 않다는 반박에 선수를 치기 위해 원리 10에서 우회를 한다. 그는 끝까지 이 같은 태도를 견지할 것이라고 주의를 환기시키면서, 우물우물 넘어가려는 생각에서 그렇게 한 것은 아니라고 설명한다. 오히려 이 용어들의 의미가 너무나 단순하고 자명해서 언어적으로 정의하려는 시도(스콜라 철학자들이 반드시 하는 것처럼)가 쓸데없이 문제를 더 혼란스럽게 만들 뿐이기 때문이라는 것. 이것은 데카르트가 스콜라식 철학 방법에 반대하여 던지는 수많은 노골적인 조롱 가운데 최초의 것이다.

원리 8에서는 '나'는 생각하는 것이라고 결론짓는다. 그런데 이것이 그의 결론의 전부인가? 이것은 '나'는 단지 생각하는 것에 불과하다는 결론처럼 의심스럽다. 다시 말해, 그가 발견한 '나'는 '신체를 배제한' 정신과 동일시된다는 결론처럼 여겨진다. 정말 그런가? 여기서 데카르트는 "나는 정신이란 것만 알고 있다"와 함께 "나는 신체가 아니고 정신뿐이란 것을 알고 있다"고 결론짓고 있는 것인가?

데카르트 철학의 이 같은 양상에 대한 질문은 〈성찰〉(똑같은 질문을 초래한 책)이 출간된 이래로 뜨겁게 논의되어 왔다. 데카르트가 사실상 자신이 신체가 아니라 정신이란 주장에 찬성한다고 상상해 보자. 그렇다면, 그의 논증은 다음과 같은 것이 되어야 한다. (1) 나는 내가 생각하는 것임을 알고 있다. (2) 나는 내가 신체를 가진 것임을 모른다. (3) 고로 나는 신체를 가진 것이 아니다. 그는 자신이 알고 있는 것에 대한 주장으로부터 존재하는 것에 대한 주장, 즉 인식론적 주장으로부터 형이상학적 주장을 결론짓는 것이 된다. 이런 유의 오류는 흔히 '무지의 오류'라고 불린다. 자기 자신의 무지가 세상의 어떤 것에 대한 증명이라고 가정하기 때문이다.

그러나 데카르트는 이 오류에 관한 한 올가미에서는 벗어나는 것 같다. 원리 8의 결론을 보자. "따라서 사유에 대한 우리의 인식은 우리의 어떤 물질적인 것에 대한 인식보다 더 먼저이고 더 확실하다. 왜냐하면, 다른 모든 것에 대해서는 여전히 의심하고 있는 반면, 사유는 우리가 이미 지각한 것이기 때문이다." 그가 이 진술에서 증명하려고 노력한 것은 '내가' 아는 한, '나'는 오직 생각하는 것이란 사실에 대한 명백한 단언이다. 그는 자신이 명백하게 오직 생각하는 것임을 증명하지 못했다고 생각한다.(데카르트는 제1부 후반부에서 후자의 주장에 대한 증거를 제시하는데, 그 증거는 중간에 개입되는 부분에서 다루게 될 수많은 결론에 의존한다).

13-27 ‖ 신의 현존

한 조각의 확실한 지식—'나'는 생각하는 것으로서 존재한다는 사실—을 발견한 데카르트는 더 많은 자명한 진리를 찾기 위해 주위를 둘러보기 시작한다. 그는 자기 자신이 자명한 진리를 많이 갖고 있으며 그 중에서 눈에 띄는 것이 수학과 논리학의 참이라는 것을 발견하고, 자기에게 확실한 지식체계를 발전시킬 기회가 있을 것으로 낙관하지만 이내 자신의 계획에서 결함을 깨닫는다. 이 명석판명한 지각들은 자신이 주목하고 있는 한, 의심할 수 없을 뿐이고 인식에서 멀어지면 곧바로 다시 의심이 기어들 수 있다는 것. 다시 한 번 그는 사악한 악마가 자기에게 이 진리들의 확실성을 믿게 만들지는 않았는지 의심하기 시작한다. 갑자기 그의 확실한 지식체계에 대한 전망이 낙관적으로 보이지 않는다. 만약 모든 진리를 정신 앞에 항상 간직해야 한다면, 그는 자연의 사실들을 해명하는 데 많은 진척을 기대할 수 없다.

데카르트는 해결책으로 그 그림 속에 신을 끌어들인다. 신은 우리의 명석판명한 지각의 원인이고, 더 나아가 모든 면에서 완전하며 그래서 기만자가 아니란 것을 증명함으로써 명석판명한 지각들에 대한 지속적인 확실성을 확보할 수 있게 되는 것. 따라서 그는 신이 존재한다는 것을 증명하기 시작한다.

데카르트는 신의 현존에 대해 적어도 두 가지 논증을

제시한다. 원리 14에서는 먼저 신의 현존에 대한 존재론적 논증이 발견된다. (1) 신에 대한 우리의 관념은 완전한 존재이고, (2) 존재하지 않는 것보다는 존재하는 것이 더 완전하며, (3) 고로 신은 틀림없이 존재한다.

두 번째 논증은 훨씬 더 복잡하며, 두 종류의 실재성 구분에 의존한다. 형상적 실재성은 현실적으로 존재하는 사물이 갖는 실재성이며, 흔해빠진 보통 실재성이다. 유한, 무한, 양태의 세 등급으로 나타난다. 신만이 무한한 형상적 실재성을 가진 유일한 존재물이다. 실체들은 모두 유한한 형상적 실재성을 갖고 있다. 양태들은 양태의 형상적 실재성을 갖고 있다. 하나의 관념은 사유의 우연한 부분으로 간주되는 한, 양태의 형상적 실재성을 갖고 있다.(왜냐하면, 그 어떤 특별한 사유도 정신의 양태에 불과하기 때문)

그러나 관념들은 고유한 또 다른 종류의 실재성도 갖고 있다. 관념들은 그것이 나타내는 대상들과 관계하여 고려될 때는 표상적 실재성을 갖는다고 말할 수 있다. 정확히 세 등급의 형상적 실재성을 반영하는 세 등급의 표상적 실재성이 존재한다. 하나의 관념 속에 포함된 표상적 실재성의 크기는 그 관념에 의해 나타난 대상 속에 포함된 형상적 실재성의 크기에 근거해서만 결정된다.

데카르트는 우리 모두가 무한한 존재로서의 신의 관념을 갖고 있다는 논쟁의 소지가 다분한 주장을 펼치면서 논증을 시작한다.(우리가 이 관념을 갖지 않을 수 없다고 그가 믿는 이유는 그것이 본유적이라고 생각하기 때문) 신에 대한 우리의 관념이 무한한 존재의 관념이기 때문에 무한한 표상적 실재성을 가져야 한다는 것. 이어서 그는 본유적인 논리 원칙에 호소한다. 무(無)로부터는 무가 생겨나며, 더 완전한 것은 덜 완전한 것으로부터 생성되지 않는다는 것. 여기서 추론하여 다른 두 가지 인과 원칙에 도달한다. (1) 결과와 마찬가지로 원인에도 그만큼의 형상적 실재성이 존재해야 한다. 따라서 (2) 어떤 관념 속에 표상적 실재성이 존재하는 만큼 어떤 관념의 원인에도 그 만큼의 형상적 실재성이 존재해야 한다. 우리는 무한한 표상적 실재성을 가진 어떤 관념(즉 신의 관념)을 갖고 있기 때문에 데카르트는 이런 관념을 불러일으킨 무한한 형상적 실재성을 가진 존재가 존재한다는 결론을 내릴 수 있다. 다시 말해, 신은 존재한다.

: 풀어보기

데카르트의 철학에 대한 가장 유명한 반박 가운데 하나인 소위 '데카르트 순환'은 데카르트가 명석판명한 지각들을 증명하기 위해 신을 사용하고, 다시 신의 현존을 증명하기 위해 명석판명한 지각들을 사용한다고 공격한다.

이 비판자들은 만약 그가 신이 존재한다는 진리를 말해 주는 명석판명한 지각들을 증명하기 위해 신을 필요로 한다면, 어떻게 신의 존재를 증명하기 위해 명석판명한 지각들을 사용할 수 있느냐고 묻는다. 정말이지 이것은 순환추론처럼 들린다.

그러나 데카르트는 이처럼 어리석은 실수를 범하지 않았다. 신의 현존은 명석판명한 지각들이 참이란 것을 증명해 주지 않는다. 명석판명한 지각들이 참이란 증거는 필요하지 않다. 사실상 명석판명한 지각의 의미는 우리가 그것에 주목하는 한, 그것의 참을 의심할 수 없다는 것이다. 신은 우리가 이 지각들에 주목하지 않는 이후에도 의심이 기어들지 않도록 보증하기 위해 필요할 뿐이다. 따라서 데카르트는 신의 현존을 증명하기 위해 명석판명한 지각들을 마땅히 사용할 수 있다. 우리는 신의 현존 증명에서 우리가 주목하고 있는 명석판명한 지각들을 사용하고 있으며, 그래서 그것들의 참을 의심할 수 없다. 신의 현존 증명 이후에 유일하게 바뀌는 것은 더 이상 이 지각들의 참을 확신하기 위해 계속 그 지각들에 주목할 필요가 없다는 것이다.

그러나 신의 현존에 대한 데카르트의 논증에는 다른 문제점들이 있다. 존재론적 증명은 특히 잘못되었다. 철학사에서 존재론적 논증들은 흔하다. 안셀무스는 가장 유명한 존재론적 논증을 제시했으며, 심지어 플라톤도 〈파이돈〉

에서 소크라테스의 입을 빌려 존재론적 논증을 펼치고 있다. 말브랑슈, 스피노자, 라이프니츠도 나름의 존재론적 논증을 갖고 있다.

사실, 진정한 데카르트 합리론자(전 세계가 논리적 연관의 연쇄에 의해 설명될 수 있고, 우리가 이 설명을 이용할 수 있다고 믿는 사람)가 되기 위해서는 어떤 존재론적 논증의 가능성을 믿어야 한다. 존재론적 논증이 없으면, 설명이 어느 정도 이성이 없고 애매한 사실로 끝나거나 결말이 없는 무한한 회귀로 바뀌게 된다. 설명이 확실하게 끝나려면, 그 자신을 설명하는 어떤 것, 즉 그 자신의 원인이 된 어느 정도 수준의 실재성이 존재해야 한다. 유일하게 그 자신을 설명하는 실재물의 그럴듯한 후보는 신이고, 신이 자기 자신을 설명하는 유일한 방식이 그 존재론적 논증의 해석을 작동시킨다.

설명을 만족스럽게 끝내기 위해 왜 자기 원인인 것이 필요한지 이해하려면, 만약 그처럼 자기 원인인 것(불행히도 아마 존재하지 않을 어떤 것)이 존재하지 않는다면 어떤 일이 벌어질지 생각해 보라. 그 어떤 사실을 설명하려면 다른 사실에 호소해야 할 것이고, 그런 후에는 그 사실을 설명하기 위해 또 다른 사실에, 그리고 또 그 사실을 위해 또 다른 사실에 호소하는 일이 끝없이 이어질 것이다. 당연히 간단하게 설명될 수 있는 사실에 끝내 이르지 못한다면, 세상의 모든 것에 대해 설명하지 못하게 되는 것이다. 이제 그 자신을 설명하는 어떤 것이 존재한다고 가정해 보자. 어떤 사실을 설명하기 위해서는 다른 사실에 호소해야 하고, 그 사실을 설명하기 위해서는 또 다른 사실에, 그리고 계속 반복되다가 마침내 궁극적으로는 자신을 설명하는 최후의 사실에 부딪히게 된다. 모든 것은 설명되었고, 느슨한 결말도 존재하지 않는다. 합리론자의 작업이 완수된 것이다.

설명을 이렇게 묘사하는 것이 아주 호소력이 있지만 불행히도 존재론적 논증들은 심각한 논리적 오류를 내포한다. 그것들은 그냥 작동되지 않는다. 칸트는 이미 수년 전에 나름의 존재론적 논증을 제시했으면서도 최초로 이 문제를 지적했다. 존재론적 논증이 작동할 수 없는 이유는 존재 동사(to be)를 어떤 것이 갖거나 가질 수 없는 하나의 특성으로 취급하기 때문이다. 그러나 존재는 다른 특성들과 같은 하나의 특성이 아니다. "신이 존재를 갖고 있지 않다"는 말은 심지어 논리적으로도 모순이다. 만약 신이 존재하지 않는다면, 신은 특성들을 가질 수 없고 또한 갖지 않을 수도 없다. 그냥 신은 존재하지 않는 것이다. 합리론자들과 그들 이전의 사람들은 존재를 다른 특성들과 구별하는 커다란 차이점을 알아채지 못했다.

인과론적 논증도 나름의 문제점을 안고 있다. 데카르트가 도입하는 실재성이란 이상한 개념들은 공격하기 쉬운 먹잇감이다. 예를 들면, 왜 '표상적 실재성'이라고 불리는 특별한 종류의 실재성이 존재한다고 주장하는가? 그 문제에서 왜 그처럼 형이상학적 저의가 담긴 등급별로 실재성이 드러난다고 가정하는가? 그런데 이처럼 당연한 골칫거리보다 심지어 더욱 치명적인 것은 데카르트의 중심적인 주장이 명백히 잘못되었다는 사실이다. 우리 모두가 무한한 완전자의 존재로서의 신에 대한 명석판명한 본유관념을 갖고 있는 것이 아니라, 유일하고 완전한 최고 존재의 개념이 널리 유포된 문화 속에서 양육된 사람들만 이 관념을 가지고 있을 뿐이다.

19-30 ‖ 신의 본성과 명석판명한 지각들의 타당성

: 요점정리

신의 현존을 증명한 데카르트는 이제 신이 우리의 명석판명한 지각들의 원인이며 기만자가 아니란 것을 보여주기만 하면 되고, 우리는 확실한 지식의 체계적인 본체를 구축하기 위해 우리의 명석판명한 지각들을 사용할 수 있다. 원리 19-30에서는 바로 이 일을 하고 있는데, 이 주장들을 확립하는 과정에서 신의 본성과 신에 대한 우리의 관계에 관해 다른 결론도 많이 이끌어내고 있다.

데카르트는 우리(그리고 결과적으로 이런 명석판명한 지각들을 초래하는 우리의 이성능력)가 신에 의해 창조되었다는 주장에 대해 몇 가지 증거를 제시한다. 첫 번째 증거는 원리 20에서 나타난다. 이 증거는 존재에 대한 인과적 논증과 마찬가지로 우리가 최고의 완전한 존재의 관념을 갖고 있다는 사실에 근거한다. 분명히 우리는 이 관념을 갖고 있기 때문에 우리 고유 존재의 작자가 될 수 없다. 만약 우리가 우리 고유 존재의 작자라면, 우리가 생각할 수 있는 모든 완전성을 스스로에게 부여했을 테지만, 우리는 이런 모든 완전성을 갖고 있지 않다. 두 번째 논증은 원리 21에 나타난다. 우리는 어떻게 처음 존재하게 되었는지에 대해 얼마간의 설명이 필요할 뿐만 아니라, 어떻게 우리가 지속적으로 존재하는지를 설명해 주는 어떤 원인도 찾아야 한다. 어떤 시간에 존재한다는 관념으로부터는 최단시간 후에도 계속 존재한다는 사실이 귀결되지 않는다. 만약 우리가 무심코 우리 자신을 보존하는 힘을 갖고 있다면, 분명히 우리는 그 사실을 쉽게 알 수 있을 것이다.

그 다음에 데카르트는 신의 본성에 대해 상세히 설명한다. 비록 우리는 신의 본성을 모두 알 수 없지만, 신은 절대적으로 완전하다—이 특성은 우리가 지닌 신의 관념 속에 들어 있다.—는 것은 확실히 알고 있다. 이제 데카르트는 이처럼 신의 본성에 대한 단편적인 지식만 사용해서도 원리 30에서와 같이 명석판명한 지각과 관계된 모든 의심을 배제할 위치에 서게 된다. 즉 신이 우리에게 실제로 어떤 명제들이 거짓일 때도 명백한 참으로 간주하는 능력을 부여했다면, 신은 기만자라는 것. 그러나 기만자에는 사악하다는 의미가 내포되어 있고 하나의 결함이 되는데, 신은 완전한 존재이기 때문에 아무 결함도 갖고 있지 않다. 따라서 우리는 참을 말하는 우리의 명석판명한 지각들을 신뢰할 수 있다.

그러나 데카르트는 이 중요한 결론을 끌어내기 전에 시간을 갖고 신에 대한 몇 가지 다른 사실들을 확립한다. 첫째, 신은 물질이 아니며 정신적이다. 물질은 연장과 가분성 같은 불완전성을 포함하기 때문이다. 둘째, 신이 우리에게 계시한(삼위일체 같은) 모든 것은 비록 우리가 분명히 이해하지 못하더라도 (참이라고) 믿어야 한다. 셋째, 긍정적 개념인 무한함의 특성과 부정적(否定的) 개념인 부정(不定)의 특성 사이의 차이점이다. 우리가 지닌 관념들 가운데 오로지 신의 관념만이 무한의 개념을 포함한다. 우리는 오직 신에게만 한계가 존재하지 않는다는 것을 긍정적으로 인식한다. 우리가 한계를 인지하지 못하는 다른 모든 관념(즉 물질의 가분성, 별의 수, 등)은 단지 부정(不定)한 것으로 간주해야 한다. 다시 말해, 이 경우에 우리는 한계를 지각할 수 없다는 것이지 한계가 없다는 것을 지각하는 것은 아니다.

원리 19에서 데카르트가 제시하는 논증—우리(결과적으로 우리의 이성능력)가 신에 의해 창조되었다는 주장—은 놀랍게도 불충분하다. 〈성찰〉에서는 똑같은 논증에 대해 훨씬 강력한 해석을 제시한다. 자기 존재의 작자에 대한 그럴듯한 후보자들—신, 자기 자신, 부모처럼 신보다는 덜 완벽한 어떤 존재—을 모두 검토함으로써 논증을 짜 맞추는 것이다.

그는 〈성찰〉에서와 흡사한 방식으로 〈철학의 원리〉에서 자기 자신을 배제한다. 만약 '내'가 '나'의 작자라면 '나'를 훨씬 더 완전하게 만들었으리란 것. 게다가 '내'가 '나'의 작자라면, 틀림없이 '내'가 '나'의 작자란 사실을 알았을 것이다. 마지막으로 훨씬 더 확실한 것은 만약 '내'가 '나'를 매순간 존속시키는 담당자라면, 이런 재주에 대해 알고 있을 것이다.

데카르트는 자기 존재의 작자가 부모처럼 신보다는 불완전한 어떤 존재일 가능성에 눈을 돌리지만, 그 존재도 그의 내부에 있는 신의 관념을 만들어낼 수 없었을 것이란 근거에서 배제시킨다. 그가 이 관념을 지니고 있는 것을 보면 무한한 실재성을 가진 어떤 존재가 그의 내부에 집어넣은 것이 틀림없고, 따라서 무한한 실재성을 가진 이 존재가 그의 창조자가 되어야 하는 것. 본유관념인 신에 대한 우리의 관념은 신에 의해 예술가의 작품 서명으로서 우리에게 넣어졌다는 것이 데카르트의 주장이다.

데카르트는 신이 자기 존재의 작자라고 결론짓기 전에 마지막 가능성을 검토한다. 우리 내부에 무한한 완전성의 관념을 유발시킨 것이 단 하나의 존재가 아니라 원인들의 전체 집합체일지 모른다는 것. 다시 말해, 어쩌면 우리는 다양한 완전성(선, 참, 영원성)을 다양한 근원에서 얻었을 수 있다는 것. 데카르트는 단일성, 즉 '신의 모든 속성들의 불가분성'이 신에 대한 우리 관념의 주된 구성요소 가운데 하나라는 이유를 들어 이 가능성을 배제한다.

우리의 창조자로서의 신에 대한 이 확장된 논증이 신의 존재에 대한 세 번째 논증을 겸할 수 있다. 우리의 존재를 설명하기 위해 신이 가정되어야 한다면, 신 자신이 존재해야 한다.

여기서 주목할 만한 마지막 문제는 데카르트가 무한성과 부정성(不定性) 사이의 차이점을 논하고 있다는 점이다. 원리 27에서 이뤄지는 이 개념적 분석이 당장은 계획의 요점에서 벗어난 듯이 보이지만, 실제로는 지극히 중요하다. 신에 대한 우리의 관념이 오직 신 자신에 의해 유발될 수 있을 뿐이라는 또 다른 증거로 의도되었기 때문이다. 데카르트에 의하면, 우리가 무한의 개념에 도달할 수 있었을 방법은 세 가지뿐이다. 첫째 가능성은 우리가 유한성의 관념을 취했을 수 있고 무한의 관념을 얻기 위해 유한성을 부정(否定)했을지 모른다는 것이다. 그러나 이것은 우리에게 무한의 긍정적 관념이 아니라 부정적(否定的) 관념을 주는데, 우리는 어떤 점에서 한계를 발견할 수 없는 것들을 모두 무한한 것으로 단정하지 않고 단지 부정(不定)하다고 간주할 것이다. 둘째 가능성은 우리는 유한에 대한 우리의 관념으로 시작하여 계속 연장하거나 나눠 더 이상 큰 것은 있을 수 없다거나 더 이상 나눠질 수 있는 것은 없다고 생각될 정도의 크기 역시 부정하다고 할 것이다. 셋째 가능성은 신이 이 관념을 우리들 속에 넣었다는 것이다. 우리가 이 개념에 도달할 수 있었을 다른 방법이 없는 것처럼 보이기 때문에 데카르트는 이것이 옳은 방법이라고 결론짓는다.

31-50 ‖ 오류의 근원, 자유의지, 기본 존재론

　신이 기만자가 아니라고 가정한다면, 어떻게 인간은 오류를 범하게 되는가? 그 대답은 원리 32-44에서 보여주듯, 명석판명하지 않은 지각들에 대해 판단을 내릴 경우에만 오류를 범한다는 것이다. 어떤 것을 단지 지각하기만 하고 긍정이나 부정하지 않는 경우에는 결코 오류를 범하지 않는다.

　우리가 오류를 범한다는 사실은 신이 우리를 만든 방식에서의 불완전성으로 간주될 수 없다. 신은 가능한 한 우리를 완전하게 만들었고, 무엇보다도 우리에게 무한한 의지를 부여했기 때문에 우리는 자유롭게 행동할 수 있고 따라서 자신의 행위에 책임을 져야 한다. 신은 우리에게 명석판명한 지각들을 보여줄 수 있는 이해력도 부여했으나 그 이해력은 의지와는 달리 무한하지 않다. 우리는 단지 이미 올바르게 추론한 것만 이해할 뿐이다.

　신이 우리에게 무한한 의지를 부여했다는 데카르트의 주장은 원리 39-41에서 자유의지의 문제에 대한 간략한 논의로 이어진다. 우리는 신이 전능하고 모든 일의 작자임을 알고 있기 때문에 모든 일이 신에 의해 예정되었다는 것을 알고 있다. 그렇다면 우리가 어떤 선택을 하든 자유롭게 행동할 수 있다는 관념과 예정설을 어떻게 조화시킬 수 있는가? 데카르트의 대답은 놀라우리만치 실망스럽다. 우리가 신에 대해 모든 것을 이해하지 못한다는 사실을 깨달음으로써 조화시킬 수 있다는 것. 다시 말해, 그는 조화시킬 방법을 모르고 있지만, 그렇다고 조화될 수 없다는 의미는 아니다.

원리 45에서는 신으로부터 다시 '명석판명한' 지각들로 옮겨가서 그 의미를 명확하게 규정한다. '명석한' 지각이란 우리가 그 지각 속에 포함된 것을 완전히 포착한다는 의미다. 어떤 관념을 명석하게 지각한다는 것은 환한 불빛 아래서 어떤 대상을 바라보는 것과 흡사하다. 한편, '판명한' 지각은 그 지각이 담고 있지 않은 것을 완전히 포착한다는 의미다. 어떤 지각이 판명하지 않으면서 명석할 수 있지만, 그 반대는 불가능하다. 예를 들면, 통증은 아주 명석하지만, 항상 판명하지는 않다. 왜냐하면, 일반적으로 사람들은 통증에 대한 감각과 유사한 어떤 것이 통증을 느끼는 신체의 일부분에 존재한다고 생각하기 때문이다. 통증이 감각에 불과하다는 것을 모르는 것. 따라서 통증을 명석하게 느끼면서도 이 감각 속에 포함된 것과 포함되지 않은 것을 판명하게 지각하지 못하는 것이다.

데카르트는 이제 이 책의 주요 과제에 착수한다. 자신의 방법을 확립했으므로 그 방법을 이행하려고 하는 것. 원리 48에서는 우리의 모든 관념들의 목록을 나열하고, 어느 것이 명석판명한지 묻고 있다. 다시 말해, 자신의 확실한 지식체계를 구축하기 위해 자신이 사용할 수 있도록 이 모든 주요 관념들에 대해 좀더 많은 것을 발견하려고 노력한다.(지금까지 그가 확실하게 알고 있는 것은 자기 고유의 존재, 신의 현존과 본성, 수학적 진실 몇 가지에 불과하다는 점을 기억하자.)

이 목록에 대한 첫 번째 단계는 모든 관념을 세 범주로 나누는 것이다. 데카르트가 원리 48에서 말하는 우리가 지각하는 것은 모두 이 가운데 하나에 속하며, 사물(실체)이나 사물의 상태(실체의 특성이나 성질), 또는 우리의 사고 외부에는 존재하지 않는 영원한 진리로 간주될 수 있다.

먼저 마지막 범주인 영원한 진리들을 검토해 보자. 왜냐하면, 가장 간단하기 때문이다. 영원한 진리의 사례들에는 "똑같은 사물이 존재하는 동시에 존재하지 않는 것은 불가능하다" 또는 "사고하는 것은 사고하는 동안 존재하지 않을 수 없다" 같은 명제들과 수학의 진리들이 포함된다. 우리는 이것들이 사실에 대한 진술이기 때문에 참이 아닐 수 없다는 것을 지각한다. 영원한 진리들은 비록 세상에서 어떤 구체적인 존재를 가질 수 없다 하더라도 어떤 방식으로든 존재한다고 확실히 말해야 한다.

데카르트의 계획에서 영원한 진리들은 매우 중요한데, 우리가 지금 발견하기를 그가 바라는 순전히 지적인 관념들이고, 감각들을 사용하지 않으면 우리 모두가 얻을 수 있는 진리들이다. 따라서 데카르트는 이 세상에서 그것들에게 어떤 종류의 실재적 존재를 부여하고 싶어 어떤 식으로든 존재한다고 단호하게 주장하면서도 정확히 어떻게 존재하도록 되어 있는지에 대해서는 확실히 모르고 있다. 그에게는 몇 가지 선택이 가능하다.

첫째, 이 진리들은 세상에 실례(實例)로서 존재할지 모른다. 따라서 예를 들면, "2+2=4"란 진리는 세상에서 4각형을 함께 만들어내는 사물들의 쌍들로서 존재할 수 있다. 그러나 데카르트는 이 경로에 만족하지 않을 것이다. 세상에 사물들의 쌍들이 존재하지 않는다 해도 여전히 "2+2=4"는 참이라고 말하고 싶을 것이기 때문이다. 그는 이런 진리들의 존재가 세상이 실제로 존재하는 방식에 너무 심하게 의존하는 것을 바라지 않는다.

또 하나는 때때로 그가 취하고 있는 듯이 여겨지는 선택인데, 영원한 진리들이 오직 우리 정신에만 존재한다고 말하는 것이다. 원리 49에서는 '우리 정신 속에 놓여 있는 영원한 진리들'이라고 언급하는데, 영원한 진리들이란 누

군가가 그것에 대해 생각하고 있는 한 존재한다는 말처럼
들린다. 만약 "2+2=4"를 믿는 정신이 존재하지 않는다면,
그 같은 진리는 존재하지 않을 것이다. 데카르트는 영원한
진리들이 세상에서의 실례에 의존하는 쪽만큼이나 이런 경
우가 사실이기를 바라지 않는 것은 분명하다. 게다가 이 선
택에는 영원한 진리들을 너무 주관적으로 만들어버리는 또
다른 문제점이 있다. 만약 영원한 진리들이 누군가의 정신
속에 존재하는 한, 존재한다면 누구의 사유와 관계되는 것
인가? 내 정신, 우리 모두의 정신, 또는 신의 정신 속에 있
는 한, 존재하는 것인가? 어떤 사람들에게는 존재할 수 있고,
어떤 사람들에게는 존재할 수 없는 것인가? 영원한 진리들
이 모두에게 똑같아야 된다고 한다면, 어떻게 우리의 주관
적인 정신들에 속할 수 있다는 것인가? 끝으로 이 관점은
영원한 진리들을 정신의 특성에 불과한 듯이 여기게 만든
다는 문제점이 있다. 왜냐하면, 사유들 자체가 단지 정신의
특성이기 때문이다. 데카르트가 영원한 진리들이 특성처럼
존재하기를 바라지 않는다는 점은 명백하다.

　　운 좋게도 데카르트에게는 셋째 경로가 열려 있고, 실
제로 이 길을 취한 것 같다. 영원한 진리들은 그 어떤 구체
적인 존재를 가지고 있지 않고, 특별한 종류의 의도적인 존
재를 가지고 있다는 것. 다시 말해, 사유가 가능한 대상들로
존재한다는 것이다. 그것들은 우리가 기하학, 물리학, 수학,

본질 등에 대해 생각할 때 생각하게 되는 사물들이며, 존재하기 위해 실제로 사유될 필요가 없고, 그 반대로 사유될 수 있는 사물로서 존재한다.

51-59 ‖ 실체, 양태, 주된 속성들

실체와 실체의 특성들에 대한 논의는 영원한 진리들에 대한 논의보다 훨씬 복잡하지만, 일단 모든 용어들이 분류되면 이해하기가 그리 어렵지도 않다. 데카르트의 기본 존재론을 이해하기 위한 세 가지 주요 용어는 실체, 주된 속성, 양태다. 실체는 스스로 존속하는 것이다. 주된 속성은 어떤 실체의 특별한 특성이며, 그 실체를 그 종류의 실체가 되게 한다.('주된 속성'은 '본질'을 말하는 다른 방식) 양태는 실체의 나머지 특성이다.

데카르트는 실체를 존재하기 위해 다른 어떤 것도 필요로 하지 않는 것이라고 정의한다. 즉 실체는 스스로 존속하는 것이다. 따라서 엄격히 말하면, 실체는 실제로 오로지 신뿐이다. 다른 모든 것은 신의 협력 없이는 존재할 수 없기 때문이다.(데카르트에 의하면, 신은 최초로 우리를 존재하게 할 뿐만 아니라 틀림없이 매순간 계속 재창조하고 있다.) 그러나 좀더 느슨하게 말하면, 존재하기 위해 단지 신의 조력에만 의존하는 것은 모두 실체로 간주한다.

맨 먼저 깨달아야 할 사항은 데카르트에 의하면, 세상에는 세 가지 실체들—신, 정신, 물체—만 존재한다는 사실이다. 주된 속성도 어떤 실체를 그 종류의 실체가 되게 하는 특성이기 때문에 역시 세 가지 속성만 존재한다. 우리는 신의 주된 속성이 무엇인지(행여 하나의 속성을 가지고 있더라도) 전혀 모르지만, 정신의 주된 속성은 사유이고, 물체의 주된 속성은 연장이다.

두 번째로 깨달아야 할 사항은 실체와 주된 속성의 구분이 오직 개념에 불과하다는 점이다. 다시 말해, 우리가 두 가지 개념—속성'과 '실체'—을 갖지만, 실제로 세상 밖의 두 가지 다른 사물에 부합하지는 않는다. 주된 속성이 없는 실체는 존재하지 않는다. 물체는 연장 없이 존재할 수 없고, 정신은 사유 없이 존재할 수 없다. 주된 속성은 실체를 그 종류의 실체가 되게 한다는 사실을 고려한다면, 이 말은 완벽한 의미를 갖는다. 어떻게 하나의 실체가 어떤 특별한 종류의 사물이 되지 않으면서 존재할 수 있는가? 그것은 불가능하다. 사실, 실체는 주된 속성이 없이는 존재할 수 없을 뿐만 아니라(형이상학적 주장), 심지어 실체는 주된 속성이 없이는 명석하게 생각될 수조차 없다.(인식론적 주장). 어떤 것이 어떤 종류의 사물인지 명석하게 생각하지 않으면서 어떻게 그것을 명석하게 생각할 수 있겠는가? 따라서 주된 속성과 실체의 관계는 아주 밀접하다.

실체와 속성 사이의 강력한 개념적 관계는 정신의 본질이 사유이고 물체의 본질이 연장임을 증명하기 위해 데카르트가 의존하고 있는 것이다. 이 같은 주장들에 대한 증명은 진술되지 않은 전제에 의존한다. S가 오직 P만을 S에 속하게 한다고 내가 생각할 수 있다면, P는 S의 본질이라는 것. 실체와 주된 속성 사이의 강력한 개념적 관계를 감안한다면, 데카르트가 이 같은 전제의 단언을 당연하게 느낄 이유를 이해할 수 있다. 주된 속성(혹은 본질)은 실체를 생각하게 해주는 바로 그 특성이다. 그 자체로 실체를 명석하게 생각하도록 해주는 모든 특성은 필연적으로 틀림없이 그 실체의 본질이다.

한편, 양태는 실체에 훨씬 덜 밀접하게 연결되어 있다. 실체는 (양태가 하나도 없이는 존재할 수 없지만) 양태들 가운데 어느 특별한 양태가 없이도 존재할 수 있다. 예를 들면, 어떤 실체는 정사각형이 아니어도 존재할 수 있지만, 형태를 이루지 않고는 존재할 수 없다. 양태는 실제로 주된 속성이 되는 하나의 특별한 방식일 뿐이다. 주된 속성은 한정될 수 있는 어떤 것이고(연장의 특성 또는 사유의 특성),

양태는 연장되거나 사유되는 일정한 방식이다.(예를 들면, 정사각형은 연장되는 한 가지 방식이고, 유니콘을 상상하는 것은 사유하는 한 가지 방식이다.)

실체와 주된 속성에 대한 데카르트의 분석은 제1부의 가장 중요한 부분인 듯하다. 데카르트가 자기 과학의 주요 주제들을 확립함으로써 자신의 전체 물리학의 토대를 쌓은 것은 이 용어들을 정의하면서 가능해진다. 물리적 실체를 연장에 의해 완전히 정의함으로써 물리학이 기하학 연구와 융합될 수 있도록 만드는 것. 실체의 모든 특성은 단순히 기하학적 형상들의 특성에 호소하면 설명될 수 있다. 데카르트는 이 논의에서 스콜라 철학자들을 가장 강도 높게 비판한다.

데카르트는 스콜라 철학자들처럼 실체가 존재의 가장 기본단위라고 주장하면서도 의견이 달라지는 부분은 첫째는 오직 세 가지 실체들만 존재한다는 것이고, 둘째는 실체와 그 본질이 매우 밀접한 연계를 맺고 있다는 것이다. 스콜라 철학의 관점에 의하면, 수많은 실체가 존재하며 모든 실체는 네 가지 원소의 다양한 조합으로 구성되어 있다. 실체의 본질은 그 실체를 그 종류의 실체로 만들어주는 특성이었지만, 이 중요한 역할을 제외하면 다른 특성들과 아무런 차이가 없었다. 실체의 다른 특성들은 본질과는 어떤 연관관계도 없었다. 예를 들어 스콜라 철학에 따르면, 인간의 본질은 이성이지만, 인간은 이 본질과는 무관한 '창백한', '키 큰' 등의 성질을 가질 수도 있다. 게다가 실체는 본질을 상실했을 때도 비록 당연히 똑같은 종류의 실체처럼은 아니더라도 존속할 수 있다. 따라서 만약 한 인간이 이성을 상실한다면, 인간이기는 멈추겠지만 실체이기를 멈추는 것은 아니며 단지 다른 종류의 실체가 될 것이다.

데카르트는 본질과 실체의 연관관계를 강화함으로써 세상에 있는 실체의 수를 줄일 수 있게 된다. 만약 어떤 실체가 본질 없이는 생각될 수 없다면, 극소수의 본질 후보가 존재할 것이고, 거기에 상응해서 실체 후보도 소수가 존재할 것이다.

60-65 ‖ 정신-신체 이원론

"나는 생각하고 있다. 고로 나는 존재한다"가 데카르트

의 가장 유명한 경구라면, 실체 이원론은 가장 유명한 철학적 입장이다. 실체 이원론에 의하면, 우리의 정신과 신체는 따로 존재할 수 있는 두 개의 구분된 실체들이다.

실체 이원론에 대한 논증은 데카르트가 지금까지 수행한 모든 작업에 거의 의존한다. 정신의 본질은 사유이고, 물체의 본질은 연장이며, 본질들의 이 같은 이중성은 상응하는 실체들의 이중성을 함의한다는 것. 전체 논증은 7단계로 나눌 수 있다. (1) 만약 내가 명석판명하게 어떤 것을 지각할 수 있다면, 신이 나의 명석판명한 지각에 일치하면서 존재하는 어떤 것을 만들었다는 것이다. 그렇지 않다면 신은 기만자가 된다. (2) 만약 내가 X와 Y를 주된 속성들이 서로를 배제하는 완전한 사물들로 명석판명하게 지각할 수 있다면, 신은 X와 Y를 따로따로 존재하게 만들 수 있다. (3) (실제로 그렇든 아니든 간에) 만약 X와 Y가 따로따로 존재할 수 있다면, 그것들은 실제로 구분되어 있는 것이다. (4) 나는 정신을 연장이 속하지 않은 완전한 사물로 명석판명하게 지각할 수 있다. (5) 나는 신체를 사유가 속하지 않은 완전한 사물로 명석판명하게 지각할 수 있다. (6) 그러므로 신은 정신과 신체가 독립적으로 존재하도록 했을 수 있다. (7) 그러므로 정신과 신체는 실제로 구분되어 있는 것이다.

데카르트가 실체 이원론을 주장하는 동기는 무엇일까? 한 가지 실질적인 효과는 내세의 가능성을 열어놓는다는 것이다. 만약 정신과 신체가 따로 존재할 수 있다면, 영혼은 신체가 죽은 후에도 존속할 수 있다. 그러나 (적어도 데카르트에게) 더욱 중요한 점은 실체 이원론이 물리학을 기하학으로 축소시켜준다는 것이다. 만약 감각이나 사유 같은 것들이 물리적 실체에 속한다면, 물리학이 설명해야 할 텐데 데카르트에게는 문제가 될 것이다. 왜냐하면, 감각들과 사유들이 수학적으로나 기계론적으로 표현될 수 없기 때문이다. 따라서 이 세계에는 물리적 실체 이외에 전혀 다른 실체인 정신적 실체가 존재한다고 주장하면서 이 항목들을 물리학의 영역 밖으로 끄집어낸다. 결과적으로 실체 이원론은 이 책의 나머지 부분에 필요한 선봉인 셈.

이 주장은 데카르트의 계획에 매우 의미심장하기 때문에 논증의 모든 단계를 명확히 이해하는 것이 중요하다. 하나하나의 전제에서 많은 것이 나타나고, 전체가 어떻게 작동하도록 되어 있는지를 완벽하게 이해하려면 많은 것이 반드시 풀려야 하기 때문이다.

단계 (1)은 명백한 것 같다. 이것은 데카르트가 명석판명한 지각을 보증한 당연한 결과일 뿐이다. 그러나 단계 (2)

는 다음 의문을 제기한다. 주된 속성이 서로를 배제하는 것이 왜 중요한가? 왜 단계 (2)는 "만약 내가 명석하게 X와 Y를 완전한 사물들로 생각할 수 있다면, 신이 그것들을 따로따로 존재하도록 할 수 있었다"가 아닐까? 이것이 필요한 이유를 이해하기 위해 잘못된 추론 사례를 살펴보자. 나는 릴리가 여자란 것을 알고 있다. 그러므로 나는 릴리가 축구에 재능이 없다는 것을 알고 있다. 이 추론은 잘못된 것이다. 여자라는 관념 속에는 축구를 잘할 가능성을 배제시키는 그 어떤 것도 존재하지 않기 때문이다. 여성이면서도 축구에 재능을 보일 수 있는 것이다. 다른 예를 상상해 보자. 나는 네 개의 똑같은 면을 생각할 때만 정사각형을 떠올릴 수 있다. 그러므로 형태를 떠올리지 않고도 정사각형을 떠올릴 수 있다. 네 개의 똑같은 면만 생각함으로써 정사각형을 생각할 수 있다는 것은 참이다. 그러나 네 개의 똑같은 면을 갖는다는 것은 형태가 이뤄지는 한 가지 방식에 불과하다. 네 개의 똑같은 면을 가진 어떤 것에 대해 생각할 때는 필연적으로 형태에 대해서도 생각하고 있을 것이다.

만약 둘째 단계에서 배제에 대한 단서가 없다면 어떤 일이 벌어질지 살펴보자. 그 논증은 다음과 같이 진행될 것이다. 나는 사유가 정신의 본질임을 알고 있다. 나는 연장이 물체의 본질임을 알고 있다. 그러므로 나는 정신과 물체가 다른 본질을 갖고 있다는 것을 알고 있다. 데카르트가 위의 전제들로부터 이 결론을 끌어낼 수 있을까? 이 결론을 이끌어내려면 그는 연장과 사유가 여성성과 축구 재능, 또는 정사각형과 형태와 같지 않고 정사각형과 원형과 더 같다는 것을 증명해야 한다. 즉 그것들이 서로를 배제한다는 것을 증명해야 한다. 만약 사유가 연장되는 또 다른 방식에 불과하거나(연장의 양태) 연장이 사유의 한 종류라면 어떻게 될까? 이 경우는 정확히 정사각형/형태의 예와 흡사해질 것이다. 정신을 사유하는 것으로 명석판명하게 생각하면 은밀하게 신체에 대한 생각도 할 것이고 그 역도 가능하다. 즉 당신은 정신과 신체가 따로 떨어져 있다는 것을 명석판명하게 생각할 수 없을 것이다. 그리고 만약 그것들을 별개로 명석판명하게 생각해낼 수 없다면, 지금까지 한 일이 헛된 것이 되고 만다.

그 다음에 생겨나는 명백한 의문은 연장과 사유의 상호 배제를 데카르트가 어떻게 실제로 증명하느냐, 이다. 그는 그 어디에서도 이것을 명시적으로 증명하지 않는다. 사실, 지독하게 압축되어 있는 단계 (4)와 단계 (5)는 두 가지 주장을 내포하고 있다. P가 S의 본질이다. P가 Q에 연관되어 있지 않다.

첫째, 데카르트는 사유가 정신의 본질이고 연장이 물체의 본질임을 어떻게 아는가? 이 부분의 주장을 위해 데카르트는 "S가 오직 P만을 S에 속하게 한다고 내가 생각할 수 있다면, P는 S의 본질이다"라는 전제에 의존하고 있다. 다시 말해, 오직 사유만을 정신에 속하게 함으로써 정신을 생각할 수 있고, 오직 연장만을 물체에 속하게 함으로써 물체를 생각할 수 있다고 보는 것.

이제 중요한 질문을 해보자. 그는 연장과 사유가 정사각형과 형태와 같지 않다는 것을 어떻게 아는가? 그는 그들이 서로를 배제한다는 것을 어떻게 아는가? 비록 그는 자신의 추론을 결코 공공연하게 말한 적이 없지만, 그것을 알아차리기는 그다지 어렵지 않다. 연장과 연장의 모든 양태는 수학적 언어로 포착될 수 있다. 그러나 사유의 양태들(경험 또는 의식)이 수학적으로 표현될 수 없다고 믿는 것은 직관적인 것 같다. 어쨌든 빨간색을 본 경험을 수학적으로 어떻게 표현할지를 상상해 보면 매우 괴로울 것이다. 수학적인 용어로 표현될 수 있는 것이 연장의 본성이고, 이런 가능성을 결여하고 있는 것이 사유의 본성이기 때문에 그는 둘 중 어느 것도 다른 하나의 양태가 아니라는 결론을 내릴 수 있다. 연장과 사유는 서로를 배제한다.

이 모든 것을 감안하면, 이제는 데카르트가 어떻게 논증을 결론내릴 수 있게 되는지 명확히 알 수 있다. 그는 정신과 신체가 서로 배타적인 다른 본질을 갖는다는 것을 알고 있다. 즉 그가 명석판명하게 한쪽을 생각할 때는 은밀하게 다른 쪽은 생각하고 있지 않다는 뜻이다. 그는 우리가 명석판명하게 지각할 수 있는 것은 모두 신이 분리시킬 수 있다는 것도 알고 있다. 우리가 신체 없는 정신과 정신 없는 신체를 명석판명하게 지각할 수 있기 때문에 신은 정신이 신체 없이, 신체가 정신 없이 존재하도록 할 수 있다는 것. 즉 정신과 신체는 실제로 구분되어 있다.

66-75 ‖ 감각들

데카르트는 명석판명한 지각들을 위해 정신 목록을 작성하는 일로 되돌아간다. 실체들과 주된 속성들에 대한 우리의 지각들에서 명석판명한 것을 언급했기 때문에 이제는 양태들에 대한 우리의 지각들에서 명석판명한 것을 언급하는 일이 남아 있다.

감각은 우리에게 세상에 있는 수많은 특성의 관념들을 준다. 물리적 실체들이 색깔, 맛, 냄새, 소리, 열기, 차가움, 고통, 쾌락, 크기, 형태, 수, 운동 등을 가졌다고 말해 주는 것. 그러나 데카르트는 이것들 모두가 실제로 물리적 실체들의 양태는 아니라고 주의를 환기시킨다. 색깔, 맛, 냄새, 소리,

열기, 차가움, 고통, 쾌락(보통 '제2성질들')은 물리적 실체에 전혀 속하지 않는다. 우리는 이 특성들이 세상 밖에 존재한다고 생각하지만, 실제로는 우리의 정신 속에만 존재한다는 것이다.

이 주장에 대한 데카르트의 증명은 양태와 주된 속성 사이에 그가 가정했던 관계에 의존하고 있다. 양태는 확실한 주된 속성이 되는 일정한 방식이다. 물체의 주된 속성은 연장이다. 그렇다면 물체의 양태란 연장되는 일정한 방식이 틀림없다. 정사각형이 되는 것은 연장되는 일정한 방식이고, 2피트×2피트×3피트가 되는 것도 연장의 또 다른 방식이다. 그러나 빨강색, 달콤함, 통증은 연장이 아니다. 아무리 연장의 특성들을 조작하더라도 빨강색, 달콤함, 혹은 통증은 끄집어낼 수 없다.

따라서 이 부류의 성질들(제1성질들과 대립되는 제2성질들)에 대해 말할 때 오류를 범하지 않으려면 매우 조심해야 하고, 감각들이 물체의 특성들을 명확히 나타내지 않는다는 점을 항상 명심해야 한다.

제1성질과 제2성질에 대한 논의는 정신의 목록을 결말짓는다. 이제 우리는 이 지식탐구에서 반드시 의존하게 될 모든 명석판명한 형이상학적 관념들뿐만 아니라 모든 주제에서 일정한 지식을 획득할 수 있는 방법도 갖추었다. 우리는 신은 존재하고 완전하며, 정신과 신체는 실제로 구분되어 있다는 것을 알고 있다. 그리고 물체에는 우리가 지각하는 색, 냄새, 맛, 소리, 차가움, 따뜻함 같은 것은 없지만, 모양, 크기, 수, 운동 같은 것은 있다. 다시 말해, 제2부인 물질적인 것들의 원리들로 옮겨갈 준비가 갖춰진 것이다.

데카르트의 형이상학적 입장들은 당시의 시험에 제대로 대처하지 못했다. 정신과 신체가 구분된다는 것을 아주 극소수의 사람들만 믿었고, 세계의 내용물을 묘사하려 들면서 '실체' 또는 '본질'의 개념을 사용하지 않은 사람은 심지어 더 적었다. 그러나 데카르트의 입장 가운데 하나인 제1성질과 제2성질의 구분은 이후의 모든 과학적인 발견들에 의해 확인되어 근대적 개념 장치의 일부로 남아 있다. 과학과 물리학의 진보는 우리가 사실상 무색·무취·무미(無味)의 세상에 살고 있다는 것─이 특성들은 우리 자신의 생리기능 때문에 우리의 심상에 들어온다.─을 입증했다. 철학자들은 이 사실을 반추하면서 이것이 제2성질에 대해 의미하는 것이 정확히 무엇인지를 밝혀내기 위해 많은 작업을 했다. 만약 제2성질들이 우리 때문에 세계에 나타날 뿐이라면, 오직 우리의 정신 속에만 존재한다는 의미인가? 아니면, 그것들이 우리 내부에 어떤 감각들을 야기하는 힘을 가진 원자의 배열로서 세계에 존재한다는 의미인가? 제2성질들이 대상들의 제1성질들의 배열과 우리의 신경생리기능 사이의 관계, 즉 우리에게 제2성질들에 대한 감각들을 갖게 할 수 있는 관계로서 존재할 수 있는가? 세 가지 질문의 형태로 표현된 세 가지 관점은 각각 '감각주의', '물리주의', '성향주의'라고 불린다. 이 문제가 전개시킨 중요성을 감안하면, 데카르트가 어느 관점을 견지할지 물어보는 것은 흥미로운 일이다.

원리 68에는 제2성질들을 '정신 밖에 존재하는 실제 사물'이 아니라 '단지 감각이나 사유로 간주해야 한다'는 대목이 나오는데, 명백하게 감각주의적인 진술처럼 들린다. 데카르트는 '빨강색'이란 단어가 세상의 그 어느 것이 아니라 단지 우리가 갖고 있는 빨강색의 감각을 가리킨다고 말하는 것 같다. 빨강색은 우리 정신 속에만 존재한다는 것.

데카르트를 성향주의적으로 해석하는 배경은 제2성질들을 '성향들'로 언급하는 경향 때문이다. 그러나 이 단어가 나타나는 문맥을 잘 살펴보면, 사실상 데카르트는 대상들 속에 있는 제1성질들의 배열과 우리의 신경생리기능 사이의 관계가 아니라 제1성질 자체의 배열을 언급하고 있다. 그렇다면 이 구절들은 실제로 데카르트가 물리주의자였다는 관점을 뒷받침하는데, 가장 그럴듯한 해석인 것 같다. 심지어 데카르트는 아주 강력한 감각주의적 진술로 시작되는 원리 68에서조차 만약 누구든 '색깔 혹은 통증 등, 감각에 의해 표상되는 것의 본성을 탐구한다면, 그 본성을 전혀 모른다는 것을 깨닫게 될 것'이라고 결론짓는다. 그런데 만약 색깔이나 고통이 단지 그것에 대한 감각에 불과하다면 이 진술은 이치에 닿지 않을 것이고, 빨강색이 단지 정신 상태에 불과하다면 우리는 그것의 본성을 완벽하게 이해할 것이다. 우리가 빨강색의 본성을 전혀 알 수 없다면 빨강색은 실제로 물체들의 어떤 특성, 즉 우리가 가진 빨강색의 관념과 닮지 않은 특성이다. 물리주의적인 입장을 드러내는 더 결정적인 구절이 원리 70에 나타난다. "우리가 대상들에서 색을 지각한다고 말하는 것과 우리가 대상들에서 그 본성은 모르지만 색의 감각이라고 일컬어지는 매우 분명하고 생생한 감각을 우리 속에 불러일으키는 어떤 것을 지각한다고 말하는 것은 실제로 같은 것이다."

Part 2
물질적인 것들의 원리들에 관하여

1-9 ‖ 물질적인 물체의 존재와 본성

제2부는 물리적 세계가 존재한다는 증명으로 시작한다. 만약 이것이 틀린다면 물리학을 연구해도 거의 쓸모가 없기 때문에 물리학 논문의 출발점으로는 좋은 것 같다. 데카르트의 증명은 명석판명한 지각의 보증에 의존할 것으로 예상된다. 그가 제1부에서 확립했듯이 우리는 연장을 가진 어떤 것에 대해 명석판명한 지각을 갖고 있다. 만약 이 지각에 상응하는 어떤 것이 세상 밖에 존재하지 않는다면, 신은 기만자가 될 것이다. 그리고 지금은 그럴 수가 없다는 것을 알고 있다. 따라서 우리는 연장을 가진 어떤 것, 즉 물

리적 실체(즉 물체 또는 물질)가 존재한다는 것을 확신할 수 있다.

물리적 물체의 존재를 증명한 직후에는 존재하는 특별한 유형의 물질인 우리의 신체에 대해 언급하기 위해 원리 2와 3에서 약간 옆길로 샌다. 우리는 통증이나 여타 감각을 갖고 있기 때문에 정신과 신비하고 밀접하게 결합된 신체를 가졌다고 확신할 수 있다. 이 감각들은 우리에게 예기치 않게 일어나며, 정신에 의해 사유되는 것이 아니고 더욱이 연장되고 움직일 수 있는 어떤 물체에서 기인되어야 한다. 따라서 정신은 틀림없이 신체와 연결되어 있다. 감각은 전적으로 정신과 신체의 결합체인 인간을 위해 활동하도록 의도된 것이며, 정신에 지적인 관념들의 자료를 제공하는 것이 아니라 인간이 고통에서 멀어지고 즐거움으로 향하도록 인도할 뿐이다. 만약 감각이 이 목적만을 위해 사용된다면, 우리의 진리추구를 잘못 인도하지 않을 것이다.

데카르트는 그의 물리학의 핵심으로 옮겨간다. 물체의 본성에 속하는 것은 연장이 유일하지만, 딱딱함, 색깔, 무게처럼 그 본성에 포함된다고 생각할 수도 있는 여러 개의 다른 특성이 있다. 다시 한 번 그의 논증은 상상가능성에 의존한다. 우리는 딱딱함, 색깔, 무게 등이 전혀 없는 연장은 상상할 수 있지만, 연장 없는 연장은 상상할 수 없기 때문에 오직 연장만이 확실히 물체의 필수 성분이라는 것.

물체의 본성이 연장에 있다는 것을 아무도 생각하지 못하는 것처럼 보이는 이유는 선입견이 팽창 과정과 빈 공간의 개념을 잘못 인도했기 때문이다.

대다수 사람들은 아주 잘못된 팽창의 관점을 가지고 있다. 물체는 압축되었을 때보다 팽창되었을 때 더 큰 연장을 갖는다고 생각하는 것. 그 결과, 물체의 실체가 연장과 완전히 구별되는 어떤 것이라고 믿게 된다. 이 관점에 따르면, 연장은 새로운 물체를 추가하지 않고도 추가될 수 있겠지만, 실제로는 모든 연장은 물체일 뿐이다.

이 문제는 팽창에 대한 올바른 관점이 해결해 준다. 팽창은 연장을 얻거나 잃는 것이 아니라 형태의 변화에 불과하다. 압축이나 팽창된다는 것은 더 크거나 더 작은 연장을 갖는 것이 아니라 단지 다른 형태가 되는 것일 뿐이다. 팽창된 물체는 물먹은 해면과 흡사하다. 이때 해면은 그 부분들 사이의 틈새가 다른 물체(물분자)들로 가득 차 더 큰 공간을 차지하지만 그 부분들이 말랐을 때보다 더 커진 것은 아니다. 단지 다른 물체들이(다양한 종류의 분자들) 그 부분들 사이로 들어왔기 때문에 더 큰 공간을 차지하는 것이지 실제로 어떤 연장이 생긴 것은 아닌 것이다. 그 틈새들은 해면의 연장이 아니라 그곳을 채운 다른 물체들의 연장으로 간주되어야 하기 때문이다.

　　비록 데카르트는 자신의 물리학이 매우 간단하다고 확신하지만, 어느 누구라도 기꺼이 데카르트의 연장 개념보다 어려운 개념은 거의 없다는 사실을 증언해 줄 것이다. 일단 중요한 첫 단계를 넘어서면 그의 물리학이 간단한 그림이 되겠지만, 그것이 결코 쉬운 일이 아니다.(실제로 그의 물리학은 결코 간단하지 않다.)

　　연장의 개념을 명확하게 얻는 최선의 방법은 그 개념이 포함하고 있는 것과 포함하지 않는 것을 밝히는 일이다. 우리는 이미 연장이 형태와 다르다는 것을 알았다. 형태와 연장은 두 가지 다른 사물인데, 알다시피 형태는 연장의 한 양태다. 그렇다면, 연장의 개념은 무엇을 내포하고 있는가? 원리 1에 따르면, 연장은 단지 길이, 너비, 깊이다. '연장된다'는 것은 단지 한 지점에서 다른 지점으로 퍼진다는 뜻이다. 선은 한 방향으로 연장되며, 길이를 갖는다. 평면은 두 방향으로 연장되며, 길이와 너비를 갖는다. 물체는 3차원으로 연장되며, 길이, 너비, 깊이를 갖는다.

　　그 다음 단계는 이 그림에 대해 팽창의 공통 개념을 불가능하게 만드는 것이 무엇인지 묻고 있다. 왜 물체는 길이, 너비, 깊이 가운데 어느 것도 잃을 수 없는가? 만약 7인치×5인치×1인치 크기의 판자에서 길이를 3인치 잘라내면, 원래 판자가 얼마만큼의 연장을 잃게 되는 것은 분명하다. 왜 이것은 데카르트가 그토록 공격하려는 압축의 공통 개념과 다른가? 그 대답은 칠판의 경우는 3인치를 잘라냄으로써 두 개의 분리된 물체를 창조하고 있다는 점을 우리 모두가 인정하기 때문이다. 잘라낸 3인치×5인치×1인치는 더 이상 본래 판자의 일부가 아니기 때문에 물체의 일부가 되지 않는 것이 아니라 이제는 그 크기의 새로운 물체를 한정한다. 만약 이 판자에서 또 다른 토막을 잘라낸다면, 또 다른 물체를 창조하는 것이 된다. 아무리 작은 조각들, 심지어는 약간의 대팻밥을 잘라낸다 해도 결코 물체에서 길이, 너비, 깊이 가운데 한 차원을 분리해낼 수 없을 것이다. 차원을 갖는 것은 물체가 된다는 의미이기 때문이다.(원리 8에서 실체와 크기는 실제로는 다르지 않고 개념적인 측면에서만 다르다는 말의 진의가 바로 이것이다. 3리터 또는 12세제곱피트 같은 사물은 존재하지 않고, 다만 이런 크기의 물질을 가진 물체들이 있을 때만 그 사물은 존재한다.)

한편, 팽창과 압축이란 고지식한 관점에서 보면, 연장은 물체와 무관하게 떠다닐 수 있는 것처럼 여겨진다. 마치 물체와 연장이 별개의 사물이기 때문에 연장이 다른 사물을 만들지 않고도 물체에서 상실될 수 있는 듯이 여겨지는 것. 따라서 데카르트는 팽창이 연장을 잃는 것과는 무관하다는 점을 입증할 필요가 있었다. 만약 팽창된 물체를 집어들고 그 물질을 전부 합산해 보면, 그 크기는 압축된 형태에서와 같을 것이다. 유일한 차이라면 물질의 부분들이 다른 종류의 물질에 의해 분리되어 더 큰 공간을 차지하고 있다는 것일 뿐이다.

10-22 ‖ 공간

공간에 대한 광범위한 오해는 물체의 참된 개념에 대한 또 다른 장애물이다. 팽창에 대한 오해처럼 공간에 대한 오해로 인해 크기가 물체와 독립해서 존재할 수 있다고 믿게 되는 것. 우리는 일반적으로 공간을 비어 있는 어떤 것으로 물체들 사이에 존재하는 일종의 무(無)라고 생각하지만, 그 무는 명백히 크기를 갖고 있다. 이를테면, 내 소다 캔과 음식 쟁반 사이에는 3인치의 공간이 존재하고, 마루와 천장 사이에는 10피트의 공간이 존재한다. 공간을 크기를 갖고 있는 무라고 생각하면 연장 자체는 물체가 되지 못한다는 결론에 도달한다. 대신, 공간 속에 떠 있는 감각적인 대상들—소다 캔, 쟁반, 마루, 천장—만 물체라고 생각한다.

즉 우리는 어떤 것이 물체가 되기 위해서는 연장뿐만 아니라 색깔, 딱딱함 등과 같은 감각적 성질들도 필요로 한다고 생각한다.

데카르트의 공간 개념은 우리를 바로잡아준다. 그의 관점에서 공간은 단지 감지할 수 없는 물체일 뿐이다. 물체는 오직 연장일 뿐이고, 내 소다 캔과 음식 쟁반 사이의 공간은 캔과 쟁반처럼 참된 크기를 갖고 있다. 이 주장에 대해서는 두 가지 논증을 제시한다. 원리 11에 나타난 첫 번째 논증은 연장이 물체의 본질이란 주장에 대한 논증의 반복이다. 색깔, 딱딱함, 무거움 등이 없는 물체를 생각해 보면, 이 개념들 모두에 연관된 일관성이 존재한다. 그렇다면, 연장이 없는 물체를 생각해 보자. 생각이 불가능하다는 것을 알게 된다. 따라서 연장은 물체의 본질이다. 연장이 물체의 충분조건이란 것이 확실히 참이라면, 연장된 것은 모두 틀림없이 물체다. 공간도 연장되기 때문에 역시 물체다.

두 번째 논증은 원리 16에 나타난다. 공간이 '무'라는 주장은 분명히 말도 안 된다. 우리 모두 인정컨대, 공간은 연장을 갖고 있고, 무는 아무런 특성도 가질 수 없다. 그러므로 공간은 틀림없이 어떤 것이다. 우리가 이 사실을 인정한 이상, 공간을 물체라고 한들 거칠 것은 없다. 따라서 데카르트의 견해에 따르면, 공간은 비어 있는 진공이 아니라 플리넘, 즉 꽉 차 있는 어떤 것이다.

공간의 개념을 해결한 데카르트는 장소의 개념으로 넘어간다. '공간'은 물체들의 크기와 형태를, '장소'는 물체들의 위치를 언급할 때 사용하는 용어다. 장소는 다른 물체들과 관계된 어떤 물체의 크기, 형태, 위치를 가리키며, 따라서 상대적인 특성이다. 위치를 규정하기 위해서는 움직이지 않는 것으로 간주된 다른 물체들을 고려해야 한다. 따라서 어떤 물체든 절대적인 장소나 위치에 있을 수 없고, 우리가 어느 것을 움직이지 않는 것으로 간주하느냐에 따라 그것과 대응하는 다양한 장소에 있다고 말할 수 있다. 그 유사성을 배 위에 있는 사람과 비교해 보자. 만약 그가 조타실에 있다면, 어떤 의미에서는 같은 장소에 머물러 있는 것이다. 배 위에서의 그의 위치가 바뀌지 않았기 때문이다. 그러나 항해중인 배가 두 해변과 연관되어 움직이고 있기 때문에 이 사람도 해변들과 관련해서는 그의 자리를 변경하고 있는 것이다. 그러나 엄격히 말해 우리는 어떤 물체가 다른 물체들과 공유하는 표면에 의해 그 물체의 장소를 결정한다. 어떤 물체가 이 공통표면과 연관된 위치를 유지하고 있는 한, 그것이 다른 물체들과 연관하여 위치를 바꾼다고 해도 장소를 바꿨다고 말하지는 않는 것. 따라서 배 위에 있는 사람은 엄격히 말해 움직이고 있는 것이 아니다. 그가 오직 배와 함께 공통표면을 공유하고 있고, 그 배에 대한 그의 위치가 변하고 있지 않기 때문이다.

　　공간을 감각될 수 없는 물체로 보는 데카르트의 개념은 반직관적이다. 물체들은 사물이고 공간은 사물이 아니라고 믿는 것은 지극히 매력적이다. 이 같은 견해를 접하게 된 누군가를 곤혹스럽게 할지 모를 주된 골칫거리는 데카르트가 공간을 사물로 지칭함으로써 두 사물이 같은 시간, 같은 장소에 존재할 수 있다는 견해를 밝힌다는 것이다. 어쨌든 감각될 수 있는 물체들은 공간을 점유하거나 공간 안에 있는 것처럼 보인다. 그러나 데카르트는 이 문제에 대해 좋은 답을 갖고 있다. 감각될 수 있는 물체들이 '공간'이라고 일컬어지는 거대한 사물 속에 있다고 생각하는 것은 공간의 실체를 완전히 잘못 이해하고 있는 것이다. 배와 바다는 상관적인 위치에 있는 물체들이고, 마찬가지로 감각될 수 있는 물체들과 공간도 상관적인 위치에 있는 물체들이다. 우리는 두 사물이 같은 시간 같은 장소에 있을 것이라는 이유 때문에 어떤 배가 물속에 있을 수 없다고는 반박하지 않는다. 그 결과, 공간과 감각될 수 있는 물체들의 경우에도 반박해서는 안 된다.

　　비록 관련된 개념들은 반직관적일지 몰라도, 데카르트는 공간과 장소에 대한 분석 작업을 통해 중요한 과학적 결론을 많이 이끌어낸다. 첫째, 제3부에서 심지어 지구 운동에 대한 태양중심설을 제시하면서도 지구가 장소를 바꾸지 않는다고 주장할 수 있다. 게다가 원자가 존재할 수 없다는 결론(원리 20)도 가능해진다. 데카르트에게 '원자'라는 용어는 물질의 나눠질 수 없는 부분를 의미한다. 원자들이 불가능한 이유는 모든 물질의 부분들은 아무리 작더라도 반드시 연장되어 있어야 하기 때문이다. 반대로, 연장된 것은 모두 나눠질 수 있어야 하기 때문에 나눠지지 않는 원자들은 존재할 수 없다.

데카르트는 공간을 물체라고 정의함으로써 지구와 하늘이 다른 종류의 물질로 구성되어 있다는 매우 반자연주의적인 스콜라 철학의 관점을 거부할 수 있게 된다. 스콜라 철학자들은 지구의 실체들이 네 가지 원소(지구 물질)로 이루어져 있는 반면, 하늘은 완벽한 제5원소 혹은 하늘 물질로 이루어져 있다고 믿었다. 이 관점은 하늘 물체들이 지구 물체들과 전혀 다른 특성들을 갖고 있다고 규정했기 때문에 명백히 통합과학을 매우 어렵게 만들었다.

이 입장에 반대하는 데카르트의 논증은 두 단계다. 첫째, 그는 세상의 연장이 무한하다는 것을 증명한다. 우리가 물질적 실체의 한계가 존재한다고 상상할 수 있는 곳이 어디든 항상 그것을 넘어선 어떤 공간의 존재를 생각할 수 있다는 것. 모든 공간이 물리적 실체들로 가득 차 있기 때문에 이 공간도 틀림없이 물리적 실체로 가득 채워져 있다. 따라서 물리적 실체의 연장에는 한계가 없다. 그는 우리 세계의 연장이 무한하다는 것을 증명했기 때문에 이제는 하늘 물질 같은 사물은 존재하지 않는다는 것을 증명할 수 있다. 연장된 실체가 되는 것이 본성인 물질이 이미 상상할 수 있는 모든 세상 공간을 차지하고 있다. 따라서 다른 종류의 실체를 위한 공간은 존재하지 않는다.(물론, 정신적 실체와 신은 물리적 공간을 차지하지 않기 때문에 그것들을 위한 공간은 남겨둘 필요가 없다.)

23-35 ‖ 운동

: **요점**정리

데카르트의 견해에 의하면, 전체 물리적인 세계가 물리적 실체인 하나의 거대한 플리넘인데, 어떻게 개별 물체들이 개체화되는가? 바로 운동을 통해서다. 공간과 마찬가지로 운동은 물체와 분리될 수 없으나 일종의 물체가 아니라 형태처럼 하나의 양태다. 그렇다면, 그것 역시 연장의 특성으로부터 추론될 수 있다.

공간 개념과 마찬가지로 물체가 한 장소에서 다른 장

소로 이동하는 행위를 나타내는 운동 개념은 완전히 잘못된 것이다. 이 정의에 의하면, 운동은 물체와 분리된 어떤 것처럼 여겨진다. 따라서 데카르트는 운동은 인접하고 정지해 있는 것으로 간주되는 한 집단의 물체 부근으로부터 또 다른 집단의 물체 부근으로 물체가 이동하는 것이라고 운동의 정의를 정정한다.(만약 장소에 대한 데카르트의 정의를 기억한다면, 이 말은 이치에 딱 들어맞는다. 어떤 장소에 있다는 것은 단지 다른 물체들과 표면접촉을 공유한다는 것을 의미했다. 움직인다는 것은 바로 당신의 위치를 바꾸는 것이다.) 따라서 운동은 실체가 아니라 실체의 양태이며, 정지도 정지해 있는 실체의 한 양태라는 것.

이 운동을 통해 플리넘 내에서 물체들은 개별화되었다. 인접하고 정지해 있는 것으로 간주되는 물체의 집단에서 떨어져 나와 함께 이동하는 물질의 작은 부분들은 하나의 물체로 여겨진다는 것. 그러나 하나의 물체 내에서조차 셀 수 없이 다양한 운동이 존재한다. 그것을 증명하기 위해 데카르트는 배를 탄 어떤 사람의 주머니 속에 있는 시계를 예로 든다. 시계의 톱니바퀴들은 하나의 운동을 하고 있는데, 시계를 개별화시키는 것은 그 운동이다. 그러나 그 바퀴들은 배 위에서 걷고 있는 사람과 접촉하고 있기 때문에 그의 운동도 공유하고, 그 사람이 배와 연관되어 있기 때문에 그 배의 운동도 공유한다. 마지막으로 그 바퀴들은 그 배가 지구와 접촉하고 있기 때문에 지구의 운동에도 관여한다. 시계, 사람, 배, 지구는 서로 인접성을 통해 물질의 단 한 부분을 구성하는 것, 또는 각자의 개별 운동을 통해 물질의 개별화된 부분들로 간주될 수 있다.

공간은 물체로 가득 차 있고 동일한 물질의 부분들이 균일한 장소에 균일하게 놓여 있다는 사실로부터 물체는 원운동만 할 수 있다는 결론이 나온다. A가 움직일 때 도달하려고 하는 곳이 어디든지 간에 그 장소는 A가 도달하기 전에 비워져야 한다. 따라서 A가 움직이기 위해서는 그 지점을 점유하고 있는 어떤 것(B)도 움직여야 한다. 당연히 B가 현재 C에 의해 점유된 다른 지점으로 움직이려면 그 지점이 먼저 비워져야 하고, C가 이동하려면 D가 그 지점을 비워야 하는 식이다. 다시 말해, 어떤 운동이 일어나려면 몇 가지 물체들이 동시에 움직여야 한다. 이처럼 동시적인 공간 비우기가 영구히 계속되지 않기 위해 데카르트는 이 운동이 원을 그린다고 가정한다. 그렇다면 운동은 끊임없는 순환이다.

그리고 운동이 끊임없는 순환이란 사실로부터 물질의 작은 부분들이 부정(不定)하게, 즉 무수하게 나눠진다고 결론짓는다. 어떤 운동이 일어나기 위해서는 상상할 수 있는 모든 부분들이 어느 정도는 위치를 이동해야 할 필요가 생기기 때문에 세상에는 틀림없이 무수한 작은 부분들이 존재한다는 것. 데카르트는 이처럼 끝없는 분리가 유한한 우리 정신이 참이라고 지각할 수는 있으나 어떻게 그것이 일어나는지 파악하지는 못하는 점이 있다고 시인한다.

운동에 대한 설명이 공간에 대한 설명보다 훨씬 쉽지는 않지만, 데카르트는 다시 한 번 한 단계씩 논의를 완수해감으로써 의미심장한 명석성을 보여준다. 그가 운동을 하나의 물체가 인접한 물체들의 집단에서 다른 물체들의 집단으로 이동하는 것이라고 규정하는 이유는 매우 분명하다. 장소도 인접한 물체들의 집단과 연관하여 정의되기 때문에 장소의 변경도 이런 식으로 정의되어야 하는 것.

그러나 장소에 대한 이 같은 정의는 어느 정도 편리한 방편에 불과했다는 점을 기억해야 한다. 실제로 절대적인 위치는 존재하지 않는다. 하나의 물체는 단지 인접한 물체들이 아니라 수많은 전체 물체들과 관련되어 정의될 수 있기 때문이다. 마찬가지로 운동도 문제가 되는 물체를 어느 물체들에 비교하느냐에 따라 달라지기 때문에 상대적이다. 어떤 배의 갑판위에 누워 쉬고 있는 사람은 계속 가까워지는 해안선에 대해 움직이고 있는 것이다. 그러나 데카르트는 엄격히 장소와 운동을 오직 인접한 물체들—문제의 물체와 표면을 공유하고 있는 물체들—과 연관해서 정의한다. 그 의미를 이해하려면 공중에서 회전하고 있는 건포도 베이글을 상상해 보라. 베이글 속의 건포도는 주변의 공기 부분들과 연관하여 고찰될 때는 운동하고 있지만 데카르트의 관점에서는 그렇지 않다. 왜냐하면, 빵 재료와 연관된 건포도들의 위치가 변하지 않기 때문이다. 이것은 틀림없이 운동을 이상하게 정의하는 방식이며 자의적이라고 여겨질 수 있으나 이렇게 구분할 만한 강력한 동기가 있었다. 그 문제는 제3부에서 밝혀진다.

여기까지는 정지의 '인접한' 부분에 대해 이해했는데, '정지된 것으로 간주되는' 부분이란 무엇인가? 운동에 대한 데카르트의 정의는 하나의 물체가 정지된 것으로 간주되는 집단의 인접한 물체들 부근에서 또 다른 집단의 물체들 부근으로 이동하는 것으로 간주된다는 점을 기억하자. 먼저 '간주되는'이란 표현을 쓴 이유는 무엇일까? 대답은 우리가 오직 이 물체들을 정지된 것으로 간주한다는 것이다. 운동에 대한 데카르트의 그림을 감안하면 이 물체들이 실제로 정지되어 있을 수 없기 때문이다. 운동이 다른 물체와 연관된 위치의 이동으로 정의되기 때문에 물체A가 물체B와 관련하여 이동한다면, 물체B도 그만큼 물체A와 관련하여 이동한다. 다시 말해, 하나의 물체는 인접한 물체가 이동하지 않고서는 실제로 이동할 수 없다는 것.

그렇다면, A와 B가 모두 움직인다는 말에는 어떤 문제가 있는가? 만약 다른 물체가 이동하고 있는 한, 어떤 인접 물체도 실제로 정지 상태에 있을 수 없다면, 왜 구태여 '정지된 것으로 간주되는'이란 표현을 덧붙이는가? A와 B가 모두 움직인다고 말하면 데카르트는 교회의 정책과 대립된다. 만약 A가 움직일 때마다 B도 움직여야 한다면, 지구도 반드시 움직여야 한다. 지구와 인접한 물질의 부분들(대기의 입자들)이 지구와 관련하여 움직이는 것은 분명하다. 만약 그렇다면 데카르트의 관점에서는 지구도 반드시 움직여야 하기 때문에 곤경을 피하기 위한 방책으로 '정지된 것으로 간주되는'이란 표현을 덧붙이는 것이고, 그 결과, 있을지 모를 종교재판소의 소환으로부터 (비록 좁지만) 탈출구도 마련하는 것이다.

36-64 ‖ 운동의 원인

: 요점정리

지금까지 운동에 대한 데카르트의 설명에서 하나 빠진 것은 힘의 개념이다. 데카르트는 이 모든 운동을 맨 처음

일으키는 것이 무엇인지 답하기 위해 제2부의 나머지 부분을 할애한다. 첫째, 일차적이고 전체적인 원인이 이 체계에 이 힘을 부여하고, 이어 개별 원인들이 각각의 사태에서 한 부분의 물질이 어떻게 운동을 얻게 되는지 설명해 준다. 일차 원인은 신이고, 개별 원인은 신이 장치해 놓은 운동법칙들이다.

그 그림을 보면, 신이 최초의 운동력을 세상에 부여하고, 그 후에 대상들이 겪게 될 운동 형태를 지배하는 여러 법칙을 장치한다. 신은 일정불변의 방식으로 행위하기 때문에 세상의 운동량은 항상 일정하다. 다시 말해, 데카르트는 운동보존의 법칙을 신의 본성에서 간신히 끌어내고 있다.

운동을 지배하는 법칙들은 데카르트가 지금까지 제시했던 여타 원리들과는 다르다. 운동법칙들은 물체의 특성들이 아니라 신에 의해 장치된 법칙들이기 때문에 연장이란 특성보다는 신의 작업의 불변성으로부터 연역되어야 한다. 자연의 제1법칙은 마찰이나 충돌이 없을 경우에는 운동중인 대상은 계속 운동 상태이고, 정지중인 대상은 계속 정지 상태라는 것이다. 자연의 제2법칙은 운동중인 대상은 곧은 경로로 이동하고, 어떤 대상의 궤도가 곡선을 그리려면 경로 변경을 위해 어떤 다른 힘을 필요로 한다는 것이다. 자연의 제3법칙은 두 개의 물체가 충돌할 때, 약한 물체는 약간의 운동을 얻고 강한 물체는 그만큼의 운동량을 잃는다는 것이다.(즉 어떤 발사체가 딱딱한 물체에 부딪힐 때는 반대방향으로 튀어나가지만, 부드러운 물체에 부딪힐 때는 멈춘다.) 원리 40-53은 물체들 사이의 운동 전이를 지배하는 규칙들을 설명한다.

데카르트는 딱딱한 물체와 유동적인 물체들의 차이에 대한 논의로 제2부를 끝마친다. 두 물체들 사이에 관찰되는 첫 번째 차이는 유동적인 물체들은 침투할 수 있는 반면, 딱딱한 물체들은 침투하지 못한다는 것이다. 즉 유동적인 물체들은 다른 물체들에게 자신의 자리를 재빨리 포기하지만, 딱딱한 물체들은 그렇지 않다는 것. 만약 손을 물 위에 대고 누르면, 물이 이동해서 손은 그 물이 예전에 머물렀던 자리를 차지하는 반면, 콘크리트 조각에는 압력을 가해도 전혀 움직이지 않는다. 데카르트는 물체들 사이에 나타나는 다른 행위에 대해 유동적인 물체들은 모두에게 서로 연관되어 움직이는 작은 부분들로 만들어져 있고, 딱딱한 물체들은 서로에게 모두 정지 상태인 부분들로 만들어져 있다고 설명한다. 만약 한 물체의 부분들이 끊임없이 움직이고 있다면 지나가는 다른 물체가 움직이는 부분들에 의해 끊임없이 비게 되는 공간들을 점유할 수 있고, 어떤 물체가 움직이지 않고 있다면 비워지는 공간이 없기 때문에 아무 물체도 들어오지 못한다.

비록 부자연스러울망정 힘에 대한 그림은 최소한 피상적인 층위에서는 이해하기 쉬워 보지만, 이야기를 복잡하게 만드는 커다란 근심거리가 있다. 데카르트는 신이 맨 먼저 세상에 힘을 부여하고 운동법칙들이 나머지 것을 실행하도록 했다기보다는 신이 맨 먼저 세상에 운동을 부여한 것과 똑같은 방식으로 세상의 운동량을 계속 유지하고 있다고 생각한다. 제1부에서처럼 세상이 매 순간 신의 창조 행위에 의해 유지되어야 한다고 믿기 때문이다. 이런 생각을 하면, 그 그림은 갑자기 매우 달라질 수도 있을 것 같다. 만약 신이 끊임없이 세상을 재창조하고 있다면, 신은 단순히 재창조 순간마다 다른 장소에 물질의 각 부분을 위치시키는 것일지 모른다. 그렇다면 법칙은 신이 세상을 재창조하는 형식을 실제로 기술하는 것에 불과하고, 신이 최초에 불어넣은 힘을 인도하기 위해 행위하지 않을 것이다.

두 가지 그림 가운데 어느 쪽이 데카르트가 상상했던 운동 작동 방식을 실제로 기술하고 있는지는 명확하지 않다. 근대 정신에는 신이 나머지를 행하는 운동법칙들과 함께 힘을 제공했다는 첫 번째 견해가 훨씬 더 호소력이 있으며, 또 다른 그림은 전혀 과학처럼 여겨지지 않는다. 그러나 어느 쪽으로든 그의 견해에 대해서는 아무런 실적적 지침

이 없다.

　힘의 개념에서 운동의 법칙들 자체로 이동하면, 또 다른 검토 사항이 등장한다. 비록 데카르트가 운동법칙들이 신의 계획의 불변성으로부터 파생될 수 있다고 주장하지만, 단지 논리적 추론을 통해서는 이 법칙들을 연역해낼 수 없었으리란 점은 아주 명백하다. 다시 말해, 만약 그가 신의 계획의 불변성에 대해 생각하면서 네덜란드의 자기 집 안락의자에 앉아만 있었다면, 이들 세 가지 법칙이 모든 운동을 지배한다는 사실에 도달할 수 없었을 것이다. 이런 법칙들을 발견하려면 수많은 관찰과 실험이 요구되었는데, 그즈음 운 좋게도 특히 갈릴레오 같은 과학자들이 그 작업을 마쳤다. 그렇더라도 오직 신의 불변성만을 내세워 모든 법칙의 증거를 제시하려고 드는 것은 여전히 엄청난 야심이며, 불행하게도 특별히 설득력을 지닌 증거가 하나도 없다.

　그 계획의 범위가 야심차기 때문에 개별 증거들을 이해하고 얼마나 잘 작동하는지 지켜볼 만한 가치는 있다. 관성법칙에 대한 데카르트의 증명에 의하면, 신은 항상 가장 간단하고 가장 변치 않는 방식으로 작업한다. 즉 어떤 일에 대해 훌륭한 이유가 없다면 신은 결코 그것이 일어나게 하지 않는다. 따라서 어떤 것이 정지해 있을 경우에는 마땅한 이유가 없는 한, 신은 정지 상태를 벗어나게 하지 않는다.(운동도 유사) 부분들은 마찰이나 충돌이 없다면, 그 상태를

변경할 이유가 없기 때문에 변화하지 않는다. 직진 운동에
대한 증거도 흡사하다. 신은 가능한 한, 가장 간단하고 가장
변치 않는 방식으로 작업하기 때문에 운동의 방향을 아무
런 이유 없이 변경시키지 않을 것이고, 방향의 변화가 없는
이동은 직선 이동이다. 세 번째 법칙의 증명은 운동의 보존
에 의존한다. 운동량은 변할 수 없기 때문에 물체들 사이에
서 전이될 뿐이다. 그러나 데카르트는 왜 딱딱한 물체들은
이 운동을 잃게 되고, 연한 물체들은 그것을 얻게 되는지에
대해서는 각별히 명확하게 밝히지 않는다.

Part 3
가시세계에 관하여

1–44 ‖ 하늘의 운동

제3부와 제4부에서는 물체의 본성과 운동법칙들을 관찰할 수 있는 현상들에 적용한다. 그의 목적은 그 원칙들만으로 모든 관찰 내용을 설명할 수 있다는 사실을 보여줌으로써 그 원칙들의 설명역량을 증명하는 것이다. 제3부는 자연의 가장 보편적 현상인 전체 가시세계의 일반적인 구성에 초점을 맞추고 있다.

데카르트가 생각할 수 있는 모든 천문학적 현상을 훑어보는 제3부는 일종의 점검표 같다. 거의 모든 영어판 〈철학의 원리〉에는 이 점검표의 대부분이 생략되어 있지만 가장 중요한 두 가지 논의—행성 운동에 대한 분석과 우주 원소들에 대한 분석—는 포함되어 있다.

행성 운동에 대한 데카르트의 모형은 태양중심설과 정적인 지구 이론의 기묘한 잡종이다. 지구를 포함한 모든 행성이 태양 주위를 돈다고 인정하면서도 실제로는 운동하지 않는다는 견해를 유지하는 것. 그 결과, 태양중심설에 의해 가장 잘 설명된다고 여겨지는 관찰된 모든 현상을 설명할 수 있고 교회의 분노도 피할 수 있게 된다. 그럼에도 불구하고 그 모형은 가설에 불과하며 사물들이 실제로 존재하는 방식을 필연적으로 반영한다는 의미는 아니라고 조심스럽게 지적한다.

이 모형은 운동에 대한 그의 기묘한 정의에 근거한다. 어떤 물체가 직접 접촉하고 있는 물체들과 관련하여 위치를 변경할 때만 운동하는 것이란 사실을 기억하자. 회전하는 건포도 베이글에 들어 있는 건포도는 빵 재료와 관련되어 위치가 변하지 않기 때문에 운동하고 있는 것이 아니다. 데카르트의 관점에서는 행성들도 건포도 베이글에 들어 있는 건포도와 흡사하다. 이를테면, 빵 대신 행성들이 유동체 속에 매달려 있는 것이다. 이 유동체는 하늘이고 그 하늘은 모든 행성을 운반하면서 태양 주위의 와동(渦動) 속에서 운동하고 있지만, 하늘 내에서 위치를 유지하고 있는 행성들은 정지 상태인 것이다.

하늘 현상에 대한 그의 과학적 설명은 시종일관 과녁을 빗나가 있기 때문에 가장 고집스런 데카르트 학자들만 많은 관심을 기울인다.(영어 번역판이 희귀하고, 완전 번역판이 한 권뿐인 이유) 그러나 단순히 그가 완전히 틀렸다고 해서 업적을 과소평가하면 안 된다. 제3부와 제4부의 설명을 철저히 읽어보고, 제1부와 제2부에서 확립한 각각의 원칙이 어떻게 나름의 역할을 하는지 살펴보는 일은 매우 흥미롭다.

이 부분에서 좀더 두드러지는 예들을 훑어보자. 첫째, 데카르트가 하늘이 유동체라고 주장하는 이유는 무엇인가? 이 주장은 공간이 플리넘이란 증명과 유동 물체들의 본성에 대한 증명에 근거한다. 빈 공간 같은 것은 존재하지 않기 때문에 플리넘은 어떤 종류의 물체여야 하고, 그것들이 어떤 종류의 물체인지 결정하려면 반드시 그것들의 행위를 검토해야 한다. 하늘들에 대해 한 가지 확언할 수 있는 사실은 침투될 수 있다는 것, 즉 자신들의 장소를 다른 물체들에게 쉽게 내준다는 점이다. 혜성들이 그것들 사이를 빠르게 움직이고, 행성들이 그것들 가운데 자리를 차지하는 등등이다. 제2부 원리 54의 정의를 뒤돌아보면, 하늘은 틀림없이 유동적이라는 의미가 된다. 왜냐하면, 빠르게 움직이는 부분들로 구성되고 다른 물체들에 의해 쉽게 밀려나는 유동체이기 때문이다.

그렇다면, 이 하늘유동체는 왜 회오리바람처럼 소용돌이 속에서 움직일까? 그 근거는 모든 운동이 순환 형태를 띠어야 한다는 것을 증명한 제2부 원리 33이다. 모든 공간이 플리넘이기 때문에 A가 B의 장소로 이동하기 위해서는 B가 C의 장소로 이동하고 C가 D의 장소로 이동하는 식으로 계속 움직여야 한다. 각각의 미세한 물체가 빠르게 움직이는 하늘유동체 속에서 다른 자리를 차지함에 따라 중심 주위를 회전하는 소용돌이가 형성되는 것.

이제 데카르트는 몇 가지 관찰된 다른 현상들, 특히 행성들의 상대적 운동을 설명하기 위해 소용돌이 물리학을 사용할 수 있다. 소용돌이 속에서는 중심이 가장 빨리 돌기 때문에 중심 쪽으로 위치를 잡은 행성들이 자연스럽게 가장 빨리 태양 주위를 움직인다.(소용돌이를 상상해 보자).

45-266 ‖ 우주의 기원

: 요점정리

행성 운동의 모형을 제시한 데카르트는 가시적인 우주가 어떻게 존재하게 되었는지를 이론적으로 설명하려고 한다. 원래 우주의 모든 물질은 (신에 의해) 적당하고 대개 평균 크기의 작은 부분들로 나누어져 있고, 신이 오늘날까지도 변치 않는 고정된 운동량을 이미 부여했으며, 이 작은 부분들이 두 가지 운동을 했다고 가정해 보자. 첫째, 그 부분들은 자기 고유의 중심 주변에서 개별적으로 운동하면서 유동적인 하늘을 창조해냈다.(유동체란 그 속에 있는 모든 부분들이 서로 연관되어 빠르게 움직이는 하나의 물체에 불과하다는 점을 기억하자.) 둘째, 그 부분들은 특정 중심들 주변에서 집단으로 운동하고, 그 결과 하늘유동체 내에 소용돌이를 만들어냈다.

적절한 크기를 가진 부분들의 이 같은 운동으로부터 전체 가시세계가 생겨난다. 그 부분들은 운동을 통해 오늘날에도 존재하는 세 종류의 물질을 이루었으며, 그것이 세 가지 원소다. 제1원소는 매우 커다란 운동력을 가진 물질이기 때문에 다른 물체들과 부딪힐 때마다 부정(不定)하게 아주 작은 부분들로 쪼개지고 자신들의 모양을 그 물체의 모서리들 사이에 생기는 좁은 틈들에 맞춰 그 틈새를 채운다. 태양과 별들이 이 원소로 구성된다. 둥근 형태의 작은 부분들로 이뤄진 제2원소는 미세하지만 제1원소의 작은 부분들과 달리 일정한 크기를 갖고 있으며, 하늘을 형성하고 빛의 본성을 설명해 준다. 제3원소는 행성과 혜성들을 구성하며, 매우 두껍고 운동에 적합하지 않기 때문에 딱딱한 물체들을 생겨나게 한다.

데카르트는 제2부의 물리학 원칙들과 운동법칙들을 비롯해서 세 가지 원소를 사용함으로써 관찰할 수 있는 모든 천체적인 현상에 대해 (다소 이상하고 불만족스러운) 설명이 가능해진다. 그가 씨름하는 주제는 (제2원소의 작은 부분들이 소용돌이에서 떨어져나가 직선운동으로 움직인 결과라고 설명되는) 빛의 본성, (소용돌이의 중심에서 떨어져나간 작은 부분들의 직선 운동에 의해 유사하게 설명되는) 태양과 별들의 둥근 형태, (심하게 움직이는 제1원소의 작은 부분들의 운동과 관련하여 설명되는) 태양의 흑점들, (제3원소의 작은 부분들의 크기와 형태에 의해 설명되는) 견고성, (플리넘에 의해 필연적으로 야기된 끊임없는 순환 운동의 기묘함 때문에) 행성들의 운동이 완벽한 원을 그리면서 운행하지 못하는 이유 등이다.

데카르트는 우주의 기원에 대한 설명을 시작하기 전에 이 같은 전개 과정이 실제로 일어났다고는 믿지 않는다면서도, 신은 완전하기 때문에 세상을 완벽하고 더할 나위없는 형태로 만들었을 것이라고 단언한다. 그렇다면 그가 이처럼 장황한 설명을 늘어놓는 이유는 무엇일까? 그 대답은 논란의 여지가 있다.

그럴듯한 설명 하나는 데카르트의 진술에 진정성이 부족하다는 것이다. 신이 완전한 형태의 우주를 창조했다고 믿는다는 단언에도 불구하고 교회의 유죄판결에 대한 두려움으로 인해 양다리를 걸친 또 다른 사례일 가능성이 매우 높다는 것. 즉 성서의 이야기를 반박하지 않으면서도 실제로 우주가 어떻게 형성되었는지를 설명하고 싶기 때문에 혹시 모를 위험을 피하려는 방책이란 것이다.

그러나 데카르트는 매우 신실한 종교인이었기 때문에 정말로 성서의 과학적 권위를 믿었을지 모른다. 이 경우에는 타당한 다른 설명이 존재한다. 원리 45에 나오는 '비록 우리는 그것들이 결코 그렇게 생성되지 않았다는 것을 분명히 알고 있지만, 그 방법이 그것들을 지금 있는 그대로 단순히 기술하는 것보다는 그것들의 본성을 훨씬 더 잘 드러내줄 것'이란 진술이 그것이다. 즉 어떻게 이런 대상들이 존재했을 수도 있었는지에 대해 밝히면 그것들의 본성을 좀더 철저히 이해할 수 있다는 것이다.

그러나 이 진술은 그다지 올바른 것 같지 않다. 다시 말해, A가 실제로 어떻게 존재하게 되었는지에 대한 설명을 통해서라면 A의 본성을 훨씬 더 잘 이해할 수 있겠지만,

단지 어떻게 A가 존재했을 수도 있었는지에 대한 가설을 통해서는 결코 새로운 것을 배우지 못한다. 이 경우에 이끌어내는 것은 모두 우리가 입력한 것으로, 우리가 이미 알고 있고 A의 기원에 대한 그럴듯한 가상의 설명을 전개시키기 위해 이용했던 A의 본성에 대한 사실들에 불과하다. 그렇게 되면, 비록 그럴듯한 가설에는 도달하더라도 새로운 것은 전혀 배우지 못하고, 우리가 이미 알고 있는 사실들과 논리적으로 부합하는 설명을 내놓았다는 것을 알게 될 뿐이다. 그것도 이 설명이 사실일지 모르기 때문에 우리가 잠재적으로 A에 대해 새로운 것을 배웠고, 이 새로운 지식(그러나 시험적인 지식)을 사용하여 A의 본성에 대해 좀더 진전된 가설들을 연역할 수 있다고 가정할 때만 가능하다. 그러나 이 설명의 참에 대한 일정 수준의 언질이 없다면 설명 자체는 더 이상 뻗어나갈 수 없다.

물론, 데카르트가 오로지 우리를 이처럼 막다른 골목으로 인도하려고 했을 가능성도 있다. 비록 순수한 가설이 우리를 새로운 지식으로 이끌지는 않는다고 해도 거기에는 여전히 얼마간의 유용성이 존재하기 때문이다. 어쨌든 그 이야기를 내놓기 위해서는 A의 본성에 대해 우리가 이미 알고 있는 지식을 모두 꼼꼼히 검토해야 한다. 그렇게 되면, 그 가설의 제시는 우리를 A에 대해 이미 알고 있는 모든 사실에 집중하도록 만드는 유용한 방식으로 간주될 수 있다.

데카르트의 목적이 이것뿐인지는 모르겠지만, 우주의 기원에 대한 자신의 설명에 큰 기대를 가진 듯이 보이고, 목적에 대한 진술과 설명 자체로부터는 자신이 우주의 본성에 관한 새로운 지식에 도달하고 있다고 믿는 듯하다. 만약 그렇다면, 이 설명이 단지 유용한 가설 이상이고, 참이 될 만한 후보라고 믿는 것이 틀림없다. 심지어 한 걸음 더 나아가 그의 명석판명한 지각에 대한 확신을 감안하면, 그가 참이라고 믿을 가능성도 있다.

Part 4
지구에 관하여

1-187 ‖ 지구의 현상들

전체 가시세계의 구조를 설명한 데카르트는 이제 자신
의 물리학 원칙들을 지구에 적용해서 어떻게 지구의 현상
들이 존재할 수 있게 되었는지에 대해 설명하면서 물질의
세 가지 원소를 폭넓게 사용한다. 그의 그림에 의하면, 지구
는 세 가지 원소로부터 파생된 각기 다른 종류의 작은 부분
들을 지닌 세 영역으로 나뉜다. 이 작은 부분들로부터 다양
한 물체들의 형성은 네 가지 힘, 즉 하늘 알갱이들의 일반
운동, 무거움, 빛, 열에 의해 일어난다.

중력 또는 '제2의 힘'에 대한 데카르트의 논의는 일반

적으로 제4부의 3분의 2부터 영어로 번역된 유일한 부분인데, 지구의 현상들을 가장 흥미롭게 다루고 있다. 뉴턴 이전 사람인 데카르트에게 중력은 보편적인 인력이 아니라 스콜라 철학자들처럼 말 그대로 '무거움'을 의미한다. 스콜라 철학자들은 아래쪽으로 움직이려는 지구 물체들의 추정된 내재적 성향을 가리키기 위해 라틴어 '그라비타스(gravitas)'라는 용어를 사용했다. 물론, 데카르트는 아래쪽으로 진행하는 지구 물체들의 성향에 대해 완전히 기계적인 설명을 하고 싶어한다.

데카르트는 지구가 태양 주위를 움직인다고 가정한다면 왜 회전하는 윗면에서 모래가 날아가듯 지구 물체들이 지구에서 날아가지 않느냐고 묻는다. 그 이유는 하늘 물질이 모든 지구 물질을 둘러싸고 있기 때문이다. 지구는 자기 고유의 운동으로 움직이지 않고 지구가 내포되어 있는 지구 물질들에 의해 움직인다. 따라서 지구는 정지된 물체처럼 행동한다.

둘러싸여 있는 하늘 물질은 지구 물체들이 하늘로 날아가지 않는다는 사실뿐만 아니라 모든 지구 물체들이 아래로 향하는 경향이 있다는 사실도 설명해 준다. 지구 물체들을 지구의 중심으로 이동하게 만드는 것은 그 자체의 특성인 무거움이나 땅으로 향하는 어떤 경향(연장의 결과로서 설명할 수 없는 특성) 때문이 아니라 운동중인 하늘 물체들이 지구 중심에서 벗어나 위쪽으로 끊임없이 움직이려 한다는 사실 때문이다.

물체의 자연스런 운동은 직진이기 때문에 직선 운동을 방해받으면 끊임없이 그 방향을 다시 획득하려 하고, 결과적으로 그 자체가 일시로 강요받은 소용돌이의 중심에서 벗어나려는 경향을 띠게 된다. 하늘의 작은 부분들은 지구와 만남으로써 직선 운동을 방해받기 때문에 지구의 중심에서 벗어나는 쪽으로 움직이고, 위쪽으로 이동하기 위해서는 자신들의 진행 도상에 있는 작은 부분들의 위치를 변경시켜야 하지만, 다른 하늘 부분들도 똑같이 지구의 중심에서 벗어나는 쪽으로 이동하는 경향을 갖고 있기 때문에 그것이 불가능하다. 그러나 하늘의 작은 부분들은 그만큼의 경향성이 없는 지구의 작은 부분들의 위치는 변경시킬 수 있다. 하늘의 작은 알갱이들이 자신들 위로 지구의 작은 부분들의 위치를 이동시키기 위해 행사하는 힘은 모든 지구 물체들을 지구 중심으로 향하도록 강제하는 그것이다.

이어서 데카르트는 생각할 수 있는 모든 지구 현상에 대해 설명을 시도한다. 지진, 다양한 금속과 광물의 본성, 조수(潮水), 인화성과 불의 본성, 유리의 본성, 자성 등.

: 풀어보기

철학에 혁명을 일으켰고 그 세기에 어느 누구보다도 수학에서 중요한 진전을 이루어낸 데카르트는 인류 역사상 가장 위대한 정신의 소유자 가운데 한 사람이었다고 해도 과언이 아니다. 그렇다면, 많은 시간과 정력을 쏟은 그의 물리학은 어째서 그토록 심각한 결점을 가졌을까? 정신적 고매함과 물리 지식의 추구에 매우 헌신적인 한 인간이 무엇인가 중요한 발견들을 해야 한다는 의무감에 사로 잡혀 그랬던 것으로 여겨진다. 그가 형이상학에 대해 이상한 견해들을 갖고 있었다는 식으로 단순히 이야기할 수는 없는 것이다. 케플러와 한번 비교해 보자. 케플러는 그의 태양 숭배에서 파생된 좀 이상한 형이상학 원칙들을 생각해냈으나 잘못된 수많은 법칙들을 생산해내는 과정에서 올바른 세 가지 행성운동 법칙을 발견해 낼 수 있었다. 데카르트의 모든 오류들 중에서 몇 가지 귀중한 진리를 생산해내지 못하게 막은 것은 무엇이었을까?

이 질문에 단정적으로 대답할 방도는 없지만, 데카르트의 방법 자체가 결국 그를 실패로 몰고 갔을 것이란 추측이 매우 그럴듯해 보인다. 데카르트는 명석성과 확실성의 관념에 사로잡혀 있었는데, 십중팔구는 스콜라 철학과 과학의 모호함을 혐오했기 때문일 것이다. 완전한 명석성과 확실성을 추구한 데카르트는 자연과학을 선험적이고 절대적인 일종의 수학으로 바꾸려고 시도했다. 즉 과학이 (1) 관

찰보다는 논리적 추론의 문제(후천적 연습보다는 선험적인
것), 그리고 (2) 그럴듯하고 영원히 개정될 수 있는 추정보
다는 논박될 수 없는 증명의 문제가 되기를 원했다.

확실하고 절대적인 과학을 추구한 데카르트는 그의
물리학이 틀림없이 정신의 명석판명한 관념들로부터 파
생된다고 가정했지만, 과학에서는 가설들을 오랫동안 여
러 각도로 생각해 보기 전까지는 그것들이 어떻게 작동할
수 있는지 또는 심지어 실제로는 어떤 의미인지조차 항상
명석하게 지각할 수 없다. 하나의 계획으로서의 과학은 오
로지 천천히 세상의 명확한 그림들로 발전되는 모호한 직
관과 뛰어난 추측들에 크게 의존한다. 데카르트의 경우에
는 명석판명한 개념들에 의존함으로써 물질의 그럴듯한
역학을 발전시키지 못했다. 모든 물리학이 연장의 특성으
로부터 파생된다는 자신의 주장(연장만이 우리가 물체에
대해 갖고 있는 유일한 명석판명한 관념이었기 때문)으로
인해 그는 어떤 유용한 방식으로 힘이나 에너지의 개념을
탐구하지 못했으나 유용하게 취급될 필요가 있는 문제들
이었다.

생리학, 심리학, 그리고 정신-신체의 상호작용

: 요점정리

이제 데카르트는 감각을 다루면서 이 책을 마무리한다. 비록 감각이 우리에게 제시하는 대부분의 특성은 물체들 속에 존재하지 않지만, 여전히 세계에 대한 경험의 중요한 양상이다. 따라서 이것들마저 설명하기 전까지는 이 논문을 완벽하다고 할 수 없다.

감각들은 신체에 속하지 않지만 정신에도 속하지 않고, 두 가지의 조합인 정신과 신체의 결합체에 속한다. 데카르트는 정신과 물체가 구분된다는 것을 믿으면서도 정신들이 어떤 물체들, 즉 인간의 신체와도 지극히 밀접한 관계를 맺고 있다고 믿는다. 인간 존재는 신에 의해 만들어진 정신과 신체의 기묘한 결합체다. 비록 감각들은 과학적 지식을 얻게 해주는 데는 인색하지만, 세상에서 인간에게 무엇이 이롭고 해로운지를 알려주는 실제 임무에서는 매우 탁월하다. 감각들의 주관성에 대해 생각해 보자. 배고픔, 목마름, 통증, 쾌락, 색깔 등의 모든 감각이 우리에게 무엇이 유익하고 나쁜지를 말해 주도록 완벽하게 조정되어 있다. 여기서도 신은 우리에게 완벽한 능력을 주었으나 우리가 이성의 조력자 역할 속에 잘못 배정해서 그릇 사용하기 때문에 불완전하게 보일 뿐이다.

감각은 정신과 신체의 결합체에 속한다. 감각이 일어나려면 신체와 정신이 모두 필요하기 때문이다. 예를 들면, 보기 위해서는 신체기관인 눈과 눈이 보고하는 것을 지각하기 위한 정신이 동시에 필요하다.(지각은 의식적이고, 따라서 그것은 사유다. 그러므로 지각은 오직 정신에만 속할 수 있다.) 모든 신체기관은 일련의 신경연결망을 통해 정신의 신체적 터전인 두뇌에 연결되어 있다. 시각의 예로 되돌아가보자. 눈이 제2원소의 알갱이들(빛)에 의해 영향을 받으면 망막 신경이 빨갛게 빛나면서 차례로 두뇌에 이르는 일련의 전체 신경을 자극한다. 그러면 두뇌는 이럭저럭 감각이 정신 속에 일어나도록 한다.

그 작용은 감정 상태(사랑, 미움, 공포, 등), 식욕(배고픔, 목마름, 등) 또는 외부 감각(시각, 촉감, 냄새, 맛, 소리, 등)의 경우에도 마찬가지다. 그 연쇄의 최초 기관은 감정 상태일 때는 심장, 식욕일 때는 복부, 외부 감각들일 때는 각각 눈, 피부, 전두엽 부속기관, 입, 귀다.

원리 196에서는 뇌가 정신의 신체적 터전임을 증명하려고 한다. 첫째, 뇌에만 발생하는 몇 가지 질병들은 다른 기관에 해를 끼치지 않지만 감각을 마비시킨다. 잠도 한 예다. 둘째, 뇌나 원래의 기관 그 어느 것이 손상되지 않았을 때도 신경이 뇌로 연결되는 길이 차단되면, 감각이 마비된다. 마지막으로 상상고통 같은 것은 비록 우리가 원래의 기관을 상실했음에도 불구하고 감각을 느낀다. 따라서 정신의 터전은 전체 신체라기보다는 틀림없이 뇌일 것이다.

데카르트는 자신의 계획에 대한 몇 가지 소견으로 〈철학의 원리〉를 마무리하면서, 그의 물질이론을 데모크리토스의 의견과 차별화하기 위해 애쓴다. 데모크리토스의 철학이 엄청나게 비판받은 것은 관찰할 수 있는 모든 현상을 설명하는 미세한 소립자를 가정했기 때문이 아니라 그것들이 분리될 수 없고 진공 속에서 이동한다고 가정했기 때문이라는 것. 이어서 그는 자기의 주장이 보장하는 확실성의 정도(절대적인 확실성이라고 단언)를 언급한 후에 마지막으로 자신의 건방진 주장들이 교회의 지식보다는 열등하다고 시인하면서 끝을 맺는다.

데카르트가 제4부의 끝에서 가정하는 정신과 신체의 결합은 두 가지 커다란 골칫거리를 야기시킨다. (1) 두 개의 구별된 실체들이 하나의 결합체를 이룬다는 것은 무엇을 의미할 수 있는가? (2) 어떻게 비물질적 실체가 물질적 실체와 인과적으로 상호작용할 수 있는가? 많은 사람들은 여전히 이 문제들을 데카르트 이원론(결과적으로 어떤 의미에서는 그의 전체 형이상학과 물리학)의 최대 장애물로 간주한다. 그러나 다행히도 당시의 비판자들이 서신으로 이 의문들을 물고 늘어졌으며, 데카르트와의 서신 교환을 통해 우리는 이 난제들의 답에 도달할 수 있다. 데카르트는 두 질문을 합쳐 모두 훗날 과학과 철학의 발전에 의해 확인된 직관이라고 답하는 것 같다.

먼저 왜 데카르트가 두 질문을 통합하는지 살펴보자. 그 이유를 이해하려면, 그가 정신과 신체 사이의 결합을 어떻게 설명하는지 검토해야 한다. 그가 친구 레기우스에게 보낸 편지에서 주장하듯 그 결합을 기술하는 최선책은 신체에 행해진 행위들을 지적으로 지각한다기보다는 감각한다는 사실에 호소하는 것이다. 우리는 정신과 신체가 결합되어 있기 때문에 다른 사람이 손에 화상을 입었을 때는 우리 손의 화상을 지각하는 것과는 매우 다른 방식으로 지각한다는 것.

이렇게 결합을 기술하는 방식은 정신과 신체 사이의 연관성이 인과적임을 암시하는 듯하다. 정신과 신체가 결합한다는 말은 정신과 신체 사이에 일어나는 인과적 상호작용들의 촘촘한 망이 존재한다는 말인 것 같다. 무엇인가가 신체에 행해질 때마다 무엇인가가 정신에 일어난다는 것. 첫 번째 이의—두 개의 구별된 실체들이 하나의 결합체를 이룬다는 것은 무엇을 의미할 수 있는가?—에 답하기 위해서는 반드시 두 번째 이의—어떻게 비물질적 실체가 물질적 실체와 인과적으로 상호작용할 수 있는가?—에 답해야 한다. 데카르트는 엘리자베스 공주와의 서신에서 이 질문에 답하는데, 이해될 수 있는 유일한 종류의 상호작용은 두 가지 물질적 실체들이 물리적으로 접촉하여 서로 영향을 주는 상호작용, 즉 접촉 상호작용이라는 가정에 이의를 제기하려고 든다. 정신과 신체가 상호작용한다는 것은 완벽히 명백하다는 그의 주장은 옳고, 우리는 이 상호작용을 끊임없이 관찰한다. 그리고 그는 정신이 비물질적이란 것을 논란의 여지없이 열심히 증명했기 때문에 비물질적 실체들이 물질적 실체들과 상호작용할 수 있다는 사실이 당연히 파생되어야 한다고 믿는다. 이 추론의 유일한 장애물은 모든 상호작용이 접촉 상호작용이라는 잘못된 가정이다.

그가 이 가정을 무효화시키기 위해 의존하는 것이 중력에 관한 일반적인 견해다. 대부분의 사람들은 묵시적으로 중력을 물체들과 구분되는 어떤 것, 즉 물체 없이도 그 자체로 존재할 수 있는 것으로 생각하지만, 중력에는 물체들과 인과적으로 상호작용하는 연장되지 않은 실체의 개념이 포함되어 있다는 것. 비록 이 개념은 잘못된 것이지만(데카르트에 의하면, 중력은 단순히 물체의 특성에 불과), 이 잘못 속에 현존하는 직관—비물질적인 것이 물질적인 것에

작용할 수 있다.—은 바로 접촉 상호작용만 생각될 수 있다는 관념을 패퇴시키기 위해 필요한 것이다. 따라서 우리는 물질적 물체에 작용하는 비물질적 정신과 그 역도 생각할 수 있다.

　데카르트의 직관—모든 상호작용이 접촉 상호작용일 필요는 없고, 비물질적–물질적 상호작용이 물질적–물질적 상호작용보다 신비롭지도 않다.—은 훗날 과학과 철학의 진보에 의해 널리 확인된 것 같다. 흄은 물질적–물질적 상호작용이 우리가 받아들이듯이 분명하고 잘 이해된 현상이 아니란 것을 보여주었다. 물질적 상호작용에 대해 우리에게 남겨진 증거는 데카르트가 정신–신체 상호작용에 대해 주장하는 증거뿐이다. 즉 우리는 그저 끊임없이 그것의 발생을 보고 있다는 것. 따라서 접촉 상호작용도 물질적–비물질적 상호작용처럼 불가사의하다. 그리고 사실상 근대 과학에 의하면, 물체들 사이의 접촉과 연관된 상호작용은 절대로 존재하지 않고, 전자기장(電磁氣場)에 의해 한 물체가 다른 물체에 작용한다. 따라서 데카르트의 최대 문제는 각별히 그의 철학이 지닌 문제는 아닌 것이다.

다음은 주요 인용구 해설입니다.

1. 우리는 인생을 어린아이로서 시작했고 우리의 이성을 제대로 사용하기도 전에 감각들에 의해 지각될 수 있는 사물들과 관련된 다양한 판단을 내렸기 때문에 우리가 진리를 인식하지 못하게 막는 많은 선입견들이 존재한다.

    — 이 책의 첫 문장인 이 진술은 싸우자는 뜻으로 해석될 수 있다. 감각들이 우리에게 말해 주는 모든 것과 완전히 모순되는 물리학을 제시하려고 하는 그에게는 항상 우리에게 확실한 것을 말해 주는 감각의 힘뿐만 아니라 우리가 현재까지 감각의 영향을 받아 획득한 모든 신념들에 대한 우리의 믿음도 훼손하는 것이 중요했다. 그는 이 목적을 위해 교묘한 개시전략을 사용했다. 우리에게 우리의 모든 예전 믿음을 던져버리고 우리가 알고 있다고 생각했던 모든 것을 의심하면서, 처음부터 시작하여 완전히 확실한 것에만 근거한 완전히 새로운 일련의 믿음들을 쌓으라고 요구하는 것. 이렇게 함으로써 그는 우리의 선입견들을 일소할 수 있게 되고 우리에게 세상에 대한 반감각적이면서도 놀라운 그의 이론을 펼칠 수 있게 된다.

2. 따라서 길이, 너비, 깊이로의 연장은 물질적 실체의 본성을 이룬다.

― 데카르트의 모든 물리학은 오직 이 하나의 주장에 근거한다. 그가 여기서 단언하는 전체 물리적인 세계는 연장과 관련하여 설명될 수 있다. 모든 물리적 현상, 관찰할 수 있는 모든 사건은 단지 기하학의 원리들에 대한 논리적 추론, 즉 연장된 물체들에 대한 연구에 의해 설명될 수 있는 것이다. 이런 식으로 우리는 수학의 확실성을 자연세계의 탐구에 도입할 수 있다.

3. **공간 혹은 내적 장소와 그곳에 있는 물질적 실체 사이에는 아무런 실재적 차이도 없다. 단지 우리가 그것들을 파악하는 방식만 다를 뿐이다.**

― 물체는 연장에 불과하기 때문에 물체와 공간 사이에는 아무런 차이가 존재하지 않는다고 데카르트는 주장한다. 우리가 보통 믿는 것처럼 물체들은 공간 안에 있는 것이 아니고, 공간이 물체다. 공간과 소위 물체들이라는 사물들이 유일하게 다른 점은 공간은 색깔, 딱딱함, 냄새 등의 감각적 성질들이 없다는 것이다. 이것은 그의 물리학이 펼치는 핵심 이론 가운데 하나다.

4. **운동이란 어떤 물체가 직접 닿아 있고 정지해 있는 것으로 간주되는 다른 물체들의 부근으로부터 또 다른 물체들의 부근으로 이동하는 것이라고 할 수 있다.**

― 공간과 마찬가지로 운동에 대한 데카르트의 설명도 일반적인 개념을 개정한 것이다. 운동은 물체들 자체와 분리된 행동이 아니라 물체들의 특성이다. 운동은 다른 물체들과 연관된 어떤 물체의 위치와 관계된 것이다. 따라서 운동은 모든 물리학이 반드시 그래야 한다고 데카르트가 생각하듯이 기하학의 원리들로부터 파생될 수 있다.

5. 지금까지 나는 지구와 전체 가시세계를 하나의 기계인 것처럼 묘사
    했다. 즉 오직 그 부분들의 다양한 모양과 운동들만 고찰했다. 그러
    나 우리의 감각은 우리에게 그 밖의 많은 것, 이를테면 색깔, 냄새,
    소리 등을 드러낸다.

— 이 진술과 더불어 데카르트는 그의 논문의 마지막 부분인 감각들을 다루기 시작한다. 데카르트의 그림에 따르면, 바깥세상에는 우리의 감각들과 닮은 것이 존재하지 않는다. 그가 제시하는 기계론적·수학적 모형에는 연장으로부터 논리적으로 파생될 수 있는 (형태나 운동 같은) 특성들만 존재한다. 색깔, 냄새, 맛, 배고픔 등은 연장에서 파생될 수 없고, 따라서 물리적인 세계에는 존재하지 않지만 그 세계에 대한 우리의 경험의 중요한 부분(사실상 세계에 대한 전체 경험)을 차지하기 때문에 제4부의 끝부분에서 다루려고 하는 것이다. 그의 설명에 따르면, 감각들은 우리의 신체기관들과 물질의 작은 부분들과의 상호작용과 연이은 우리의 신체기관들과 정신의 상호작용의 결과로 일어난다. 그의 감각이론은 이후 〈인간론〉에서 훨씬 자세히 제시된다.

제목: 철학의 원리 Principles of Philosophy

저자: 르네 데카르트 Rene Descartes

언어: 라틴어

집필 시기와 장소: 1640년대 초반에 네덜란드의 데카르트 집에서 집필

초판 발행: 1644년

발행자(출판사): 엘제비어 Elzevirs

화자: 르네 데카르트

이 주제에 대한 데카르트의 다른 책: 데카르트 철학에 대한 더 완전한 해석은 〈제일철학에 대한 성찰〉에서 찾아볼 수 있다. 그의 우주론과 자연과학에 대해 더 알고 싶으면 〈세계론〉 참고. 생리학과 심리학에 대한 이론은 〈인간 신체에 대한 기술〉에 더 자세하게 나타난다. 출간된 데카르트의 서신 역시 이 모든 분야에서 가치 있는 영감을 준다.

이 책의 목적: 가능한 인간 지식의 모든 영역에 걸쳐 명확하고 확실한 통합 과학의 제시

망라된 철학의 영역들: 제1부는 데카르트의 인식론과 형이상학, 나머지 부분은 소위 오늘날의 '과학'에 더 가까운 그의 자연철학을 제시하고 있다.

대립되는 철학운동: 데카르트가 그의 새로운 철학을 발전시킨 이유는 스콜라 철학자들의 애매하고 오도된 철학에 불만을 느꼈기 때문이다. 비록 데카르트는 오늘날 주로 데카르트 합리론과 영국 경험론 사이의 논쟁에 관한 맥락에서 읽히지만,

이 논쟁은 데카르트의 생전에는 미미했기 때문에 어떤 특별한 사상학파도 데카르트 철학의 목표물이 아니었다. 그럼에도 불구하고 영국 경험주의의 선구자였던 토머스 홉스가 데카르트 철학을 공격했던 비평가 가운데 한 사람이었다는 사실은 주목할 만하다.

〈철학의 원리〉의 영향을 받은 철학자들: 데카르트 이후의 서구 철학자 가운데 그의 영향에서 자유로운 사람은 없다고 해도 과언이 아니다. 데카르트는 근대의 철학적 대화에 불을 지폈지만, 누구보다도 데카르트 합리주의자들(말브랑슈, 스피노자, 라이프니츠)이 데카르트 정신의 적법한 상속인들이다. 18세기 후반, 데카르트 합리론과 영국 경험론을 화해시키려 했던 임마누엘 칸트도 데카르트의 철학적 후계자로 간주될 수 있다.

다음 질문에 대해 간단히 서술하시오.(－부분은 참고만 할 것)

1. 〈철학의 원리〉 제1부에서 데카르트가 어떻게 지식의 근간으로서의
    명석판명한 지각의 개념에 도달하게 되는지 설명하라.

    — 데카르트는 우리의 모든 지식을 의심하려 들면서 〈철학
    의 원리〉를 시작하는데, 그 방법을 통해 우리는 우리의 신념
    들 가운데 어떤 확실한 것이 존재하는지를 결정할 수 있다.
    이어서 그는 모든 것이 의심 속에 던져질 때조차 의심할 수
    없는 하나의 명제가 존재한다고 주장한다. '나'는 존재한다
    는 명제. 자신의 존재를 의심하는 것조차 자기 존재에 대한
    증명이다. 왜냐하면, 자기가 존재하지 않고서는 의심할 수
    없을 것이기 때문이다. 이제 너무 확실해서 의심될 수조차
    없는 최소한 하나의 지식이 존재한다고 확신한 데카르트는
    이것처럼 단순히 생각되는 한 의심될 수 없는 관념들이 존
    재하는지 묻고, 2+2=4와 같은 관념들이 존재한다고 인정한
    다. 이런 부류의 관념들이 소위 명석판명한 지각들이다.
    이 관념들이 지극히 중요한 이유는 의심될 수 없기 때문
    이며, 그 명백성 때문에 확실한 지식의 체계적 몸통을 구성
    하는 완벽한 벽돌들이다. 그러나 데카르트는 이 관념들에 문
    제가 있다는 것을 깨닫는다. 명석판명한 지각들은 생각되고
    있을 때만 확실하고, 우리의 인식에서 떨어져 나가면 곧바로
    다시 의심이 기어들 수 있다. 우리는 이 관념들이 교활한 악
    마에 의해 야기되었는지, 혹은 꿈의 산물인지, 혹은 심지어
    는 악마가 사용하는 꿈의 환상인지 의심하기 시작할 수 있
    다는 것. 이 같은 의심을 해소하기 위해 데카르트는 신에게
    의지한다. 우리가 지닌 신의 관념은 전지전능하고 최고의 완

전한 자(者)에 대한 관념이다. 완전성은 의도적인 기만을 허용하지 않을 것이다. 신은 모든 세상의 창조자로서 우리와 우리의 이성능력을 만들어낸 확실한 원인이다. 만약 신이 우리에게 거짓을 참으로 간주하게 하는 능력을 부여했다면, 신은 우리를 기만하는 것이 되고 결과적으로 불완전한 것이다. 따라서 우리는 우리 이성의 빛에 자명해 보이는 것에서조차 기만당하는 본성을 타고나지 않은 것은 명백하다. 다시 말해, 신은 우리가 명석판명하게 지각한 것은 모두 참이게끔 우리를 창조했을 것이다. 그 결과 우리는 우리의 지식을 명석판명한 지각에 의존하는 한, 참에 도달한다고 확신할 수 있다. 반면, 만약 우리가 명석판명한 지각보다 못한 어떤 것에 근거해서 판단하면, 우리는 거의 틀림없이 오류에 빠질 것이다.

2. 데카르트는 신의 현존에 대해 어떤 논리를 펼치는가?

— 신의 현존에 대해 두 가지 중요한 논증을 제시한다. 첫번째 논증은 일반적으로 소위 '존재론적 논증'이며, 다음과 같이 진행된다. (1) 우리가 지닌 신의 관념은 완전한 자의 관념이다. (2) 존재하는 것은 존재하지 않는 것보다 더 완전하다. (3) 그러므로 신은 틀림없이 존재한다.

두 종류의 실재성 구분에 의존하는 두 번째 논증은 훨씬 더 복잡하다. 형상적 실재성은 현실적으로 존재하는 사물이 갖는 실재성이며, 유한, 무한, 양태의 세 등급으로 나타난다. 오직 신만이 무한한 실재성을 가지며, 모든 실체는 유한 실재성을, 모든 성질은 양태적 실재성을 갖는다. 하나의 관념은 현재 일어나고 있는 사유의 조각으로 간주되는 한, 양태의 형상적 실재성을 갖는다.(왜냐하면, 그 어떤 특정한 사유도 정신의 양태일 뿐이기 때문이다.)

그러나 관념들도 그것들이 표상하는 대상들과 연관되어

고려될 때는 표상적 실재성을 갖는다고 말할 수 있다. 형상적 실재성의 세 등급을 정확히 반영하는 세 등급의 표상적 실재성이 존재한다. 하나의 관념에 들어 있는 표상적 실재성의 크기는 오직 표상된 대상에 포함된 형상적 실재성의 크기에 근거해서 결정된다. 빨강색의 관념은 양태의 표상적 실재성을 갖는데, 그 이유는 빨강색이 양태의 표상적 실재성을 갖고 있기 때문이다. 돌의 관념은 유한한 표상적 실재성을 갖는데, 그 이유는 돌들이 유한한 형상적 실재성을 갖고 있기 때문이다. 그리고 신의 관념은 무한한 표상적 실재성을 갖는데, 그 이유는 신이 무한한 형상적 실재성을 갖고 있기 때문이다.

인과적 논증에는 신의 관념이 중요하다. 데카르트는 우리 모두가 무한한 존재자로서의 신의 관념을 갖고 있다는 주장을 펼치면서 그 논증을 시작한다. 이 관념은 본유적이기 때문에 우리가 가지지 않을 수 없고, 무한한 존재자에 대한 것이므로 무한한 표상적 실재성을 가져야 한다. 이어서 데카르트는 "무(無)로부터는 무가 생성된다"는 논리 원칙으로부터 추론하여 두 가지 인과 원칙에 도달한다. (1) 어떠한 결과도 그것의 원인보다 더 많은 형상적 실재성을 가질 수 없다. 그래서 (2) 하나의 관념의 원인 속에는 그 관념에 존재하는 표상적 실재성만큼의 형상적 실재성이 존재해야 한다. 우리는 무한한 표상적 실재성을 가진 관념(신의 관념)을 지니고 있기 때문에 데카르트는 이런 관념을 발생시킨 무한한 형상적 실재성을 가진 존재자가 있다는 결론을 내릴 수 있다. 다시 말해, 신은 존재한다.

3. 데카르트는 정신과 신체의 실제적 구분을 위해 어떤 논리를 펼치는가?

— 정신과 신체가 독립적으로 존재할 수 있는 구분된 실체라는 데카르트의 주장은 두 가지 기본 주장에 근거한다. 첫째는 우리가 명석판명하게 따로따로 생각할 수 있는 모든 것은 신이 분리시킬 수 있다는 주장이다. 달리 말해, 만약 우리가 그 자체로 존재하는 무엇인가를 명석판명하게 생각할 수 있다면, 신은 이 사물이 그 자체로 존재하도록 할 수 있다는 것이다. 이 단언을 거부하는 것은 신을 기만자로 부르는 것이라고 데카르트는 생각한다. 둘째는 정신과 신체가 서로 상대방 없이도 명석판명하게 생각될 수 있다는 주장이다. 대부분의 논증은 두 번째 논증이 참인지를 증명하기 위한 시도다.

데카르트에게 어떤 실체의 명석판명한 관념을 가진다는 것은 그 실체의 본질에 대해 어떤 주장을 펼치는 것이다. 그것은 그 실체의 정체성을 구성하는 특성, 즉 그 실체를 바로 그것이 되게 해주는 특성을 아는 것이다. 정신과 신체가 구분되어 있다는 것을 증명하기 위해서는 두 가지 본질(지적인 활동과 연장)과 그것들에 상응하는 두 가지 실체(정신과 신체)의 존재가 확립되어야 한다. 데카르트는 본질에 관한 주장을 확립하기 위해 생각 가능성에 존재하는 선험적 생각 실험*을 사용한다. 첫 번째 명제 (1)은 "S가 오직 P만을 S에 속하게 한다고 내가 생각할 수 있다면, P는 S의 본질이란 것을 알 수 있다"이다.

두 번째와 세 번째 단계는 그 생각실험을 사용하여 사유가 정신의 본질임을 확립한다. (2) "나는 오직 사유만을 그 정신에 속하게 하는 정신을 생각할 수 있다." 이것의 증명은 어떤 의미에서 *cogito*의 당연한 결과다. 이제 단계 (1)을 사용하여 (3) "정신의 본질은 생각하는 것이다"를 끌어낸다. 네 번째와 다섯 번째 단계에서는 정신에 대한 이 같은 작업을 신체에도 적용해야 한다. 다시 말해, 신체의 본질을 격리시키는 생각실험을 시행한 후에 (4) 나는 오직 연장만을 그 신체에 속하게 하는 신체를 생각할 수 있다"에 도달한다. 이어 다시 단계 (1)에 의존하면, (5) "신체의 본질은 연장이다."

그는 정신과 신체가 서로 존재하지 않더라도 각각 명석판명하게 지각될 수 있다는 것을 증명했다. 그 결과, 신이 따로 생각될 수 있는 모든 것을 분리시킬 수 있다는 그의 주장을 사용하여 정신과 신체가 확실히 구분된다는 결론을 내릴 수 있게 된다.

* **생각실험**(thought-experiment): 넓게 말해, 구체적인 사물들이 실제로 존재하는 방식을 이해하기 위해 상상 속에서 실험해 보는 방법.

4. 행성 운동에 대한 데카르트의 이론은 무엇이고, 그 이론은 제2부에서 확립한 그의 물리학 원리들을 어떻게 활용하는가?

5. 데카르트에 의하면, 우리는 어떻게 오류에 빠지게 되는가?

6. 데카르트는 왜 연장을 물체의 본질이라고 주장하는가? 그는 이 주장에 대해 어떤 논리를 펼치는가? 이 주장이 그에게 중요한 이유는?

7. 데카르트는 제1성질과 제2성질의 구분에 대해 어떤 논리를 펼치는가?

8. 데카르트의 운동이론을 설명하라. 그의 이론에서 특이한 점은? 이 이론은 제3부에서 어떤 임무를 수행하는가?

9. 데카르트에 의하면, 공간과 물체의 차이는? 그는 이 주장에 대해

어떤 논리를 펼치는가? 이 주장이 그에게 중요하는 이유는?

10. 데카르트에 의하면, 감각들의 역할은? 그는 감각들이 그 역할에 잘
     맞춰져 있다고 생각하는가?

다음 질문에 알맞은 답을 고르시오.

1. **데카르트가 확실한 지식의 탐구에 포함시키지 말아야 한다고 생각하는 것은?**

    A. 명석판명한 지각들

    B. 감각들

    C. 이성

    D. 지성

2. **감각들에 대한 데카르트의 태도를 가장 정확히 특성화한 진술은?**

    A. 감각들은 자신들의 목적에 완벽하게 맞춰져 있다.

    B. 감각들은 가장 무시된다.

    C. 감각들은 지성을 보조하는 것들이다.

    D. 감각들은 지식을 얻는 데 결코 유용하지 않다.

3. **데카르트는 얼마나 많은 실체들이 존재한다고 믿는가?**

    A. 하나

    B. 둘

    C. 셋

    D. 수없이 많음

4. **엄격히 말해 실체인 것은?**

    A. 정신

    B. 물체

    C. 연장

    D. 신

5. '데카르트 순환'의 의미는?

A. 데카르트가 신의 현존을 증명하면서 명석판명한 지각들을 사용한 것

B. 플리넘에서의 원운동

C. 존재론적 논증

D. 데카르트가 힘을 설명하면서 신을 사용한 것

6. 행성에 대한 데카르트 이론을 가장 정확하게 기술하고 있는 것은?

A. 행성들이 지구 주위를 돈다.

B. 지구가 태양 주위를 돈다.

C. 다른 행성들은 태양 주위를 돌지만, 태양은 지구 주위를 돈다.

D. 소용돌이가 함께 모든 행성들을 운반하면서 태양 주위를 돈다.

7. 데카르트의 운동법칙이 아닌 것은?

A. 관성의 법칙

B. 운동 보존의 법칙

C. 모든 작용은 동등하고 대립된 반작용을 낳는다.

D. 운동은 직선으로 이루어진다.

8. 데카르트가 감각들을 훼손하기 위해 사용하는 논증은?

A. 우리 모두가 꿈을 꾸고 있을지 모른다.

B. 사악한 악마가 있을지 모른다.

C. 우리는 감각들이 어떻게 작동하는지 명석판명하게 지각할 수 없다.

D. 신의 존재는 감각들이 우리에게 참을 말해 줄 수 없다는 것을 보여준다.

9. 데카르트가 신의 현존에 대한 증거로 사용하지 않는 것은?

A. 존재는 신의 관념에 속한다.

B. 어떠한 결과도 그것의 원인보다 더 많은 형상적 실재성을 가질
수 없다.

C. 만약 신이 존재하지 않는다면, 우리는 매순간 존재할 수 없다.

D. 만약 신이 존재하지 않는다면, 우리는 결코 확실한 지식에 도달
할 수 없다.

10. **데카르트가 주장하는 물체의 본질은?**

A. 정신

B. 크기

C. 연장

D. 완전성

11. **감각들과 가장 밀접하게 연관되어 있는 것은?**

A. 정신

B. 신체

C. 정신과 신체의 결합체

D. 신

12. **데카르트가 신에 대해 갖고 있는 신념을 정확하게 기술하지 못한
진술은?**

A. 신은 절대적으로 완전하다.

B. 신은 일종의 사유하는 실체다.

C. 신이 자신의 피조물들에다 서명을 해 놓았다.

D. 우리는 신의 완전성을 숙고함으로써 신의 전체 본성을 알 수 있
다.

13. **연장의 양태는?**

A. 8각 모양

B. 원의 관념

C. 빨강색

D. 미끈함

14. **사유의 양태는?**

A. 일각수

B. 신

C. 유니콘이 존재하지 않는다는 믿음

D. 배고픔

15. **데카르트가 가정하는 원소의 수는?**

A. 하나

B. 둘

C. 셋

D. 넷

16. **하나의 관념은 표상적 존재를 갖는가, 아니면 형상적 존재를 갖는가?**

A. 표상적

B. 형상적

C. 둘 다

D. 어느 것도 아님

17. **데카르트가 연장의 양태가 아니라고 보는 것은?**

A. 운동

B. 지속

C. 공간

D. 크기

18. 데카르트에 의하면, 우리가 가장 친밀하게 알 수 있는 것은?

A. 우리의 신체

B. 물리학

C. 신

D. 우리의 정신

19. 데카르트에 의하면, 물체들은 어떻게 개별화되는가?

A. 운동을 통하여

B. 연장을 통하여

C. 내적 장소를 통하여

D. 플리넘을 통하여

20. 데카르트에 의하면, 물체들과 공간의 차이점은?

A. 하나는 감각될 수 있고, 다른 하나는 그렇지 않다.

B. 아무런 차이가 없다.

C. 물체들은 실재적이고, 공간은 그렇지 않다.

D. 공간은 물체의 관념이다.

21. 데카르트에 의하면, 정사각형에 대한 관념의 표상적 실재성의 층위는?

A. 무한하다.

B. 유한하다.

C. 양태다.

D. 어느 것도 아니다. 관념들은 표상적 실재성이 없다.

22. 데카르트가 빛과 연결시키는 원소는?

A. 제1원소

B. 제2원소

C. 제3원소

D. 제4원소

23. 데카르트가 제4부에서 설명하려고 시도하지 않는 것은?

A. 중력

B. 자성

C. 조수(潮水)

D. 행성의 운동

24. 데카르트의 그림에서 정신과 신체의 관계를 가장 잘 기술하고 있는 진술은?

A. 신의 의지에 의해 단 하나의 실체로 만들어졌다.

B. 인간의 경우에 신비스런 결합체를 형성하는 두 개의 구분된 실체다.

C. 상호작용이 불가능한 두 개의 구분된 실체다.

D. 오직 신의 정신 속에서만 함께 나타난다.

25 하나의 실체는 몇 개의 주된 속성들을 갖는가?

A. 하나

B. 둘

C. 셋

D. 수없이 많음

정답

1. B　2. A　3. C　4. D　5. A　6. D　7. C　8. A　9. D　10. C

11. C　12. D　13. A　14. C　15. C　16. C　17. C　18. D　19. A　20. A

21. C　22. B　23. D　24. B　25. A

一以貫之 논술노트

현대 문명의 원류를 찾아서 ○

실전 연습문제 ○

一以貫之는 '논어'에 나오는 말로 '모든 것을 하나의 이치로 꿸다'는 뜻입니다.

논술의 주제와 문제 유형, 제시문들은 참으로 다양하고 가지각색입니다. 그러나 그 모든 것을 하나로 꿸 수 있습니다. '인간사회의 보편적 문제들에 대한 근원적인 물음에 답하는 자기 나름의 견해'라는 것이지요. 논술은 인간이면 누구나 부닥치는 개인적 또는 사회적 문제들에 대한 자기 나름의 고민이자 성찰입니다. 논술은 자기견해, 자기 가치관, 자기 삶에 대한 솔직한 고백입니다.

一以貫之 논술연구모임은 '자신의 물음'과 '자신의 생각'을 갖고 '자신의 글'을 쓸 수 있도록 도와줍니다.

〈집필진〉
조형진, 이호곤, 우한기, 박규현, 김법성, 김병학, 도승활, 백일, 우효기, 조형진

현대 문명의 원류를 찾아서

1. 뒤떨어진 과학책, 〈철학의 원리〉 읽기의 곤혹스러움

　대개 '고전'이라고 불리는 것들은 재미가 없다. 그래도 문학작품은 읽다보면 재미와 감동을 느낄 수 있고, 어려운 철학서들은 성취감을 주기도 한다. 하지만 〈철학의 원리〉는 그럴 가능성이 별로 없다. 제목과 달리 내용의 대부분은 철학이 아니라 오늘날의 분류로 말하자면 과학이기 때문이다. 주지하다시피 근대 이전에는 철학이 과학을 포괄하고 있었으므로 과학이 많은 부분을 차지하고 있다는 점은 쉽게 납득할 만하다. 사실 〈철학의 원리〉는 현대의 기준으로는 신학, 철학 등의 인문학과 물리학, 화학, 생물학, 지구과학, 천문학 등 거의 모든 분야의 자연과학을 포함하고 있다. 데카르트는 이처럼 다양한 분야에 대한 자신의 지식을 총동원하여 하나의 대중적인 교과서를 저술한 것이다.

　문학, 철학 등의 인문학은 시대의 흐름에 따라 우열을 논하기 어렵다. 현대인들은 400여년 이전에 활동했던 데카르트의 철학은 물론, 정확한 탄생 시기조차 모호한 수천 년 전의 인물인 소크라테스, 노자 등의 사상에 대해 진심어린 경외감을 가지고 있으며, 이들의 철학은 철학도들에게 훌륭한 연구대상이다. 그리고 과거의 문학과 철학은 현대인이 결코 넘어설 수 없는 전설적인 경지로서 인식되기도 한다. 현대의 소설가나 철학자가 스스로 괴테나 플라톤보다 위대하다고 말한다면 오만하다는 소리는 물론 제정신이 아니란 비난까지 받을 수도 있다.

반면, 과학은 그렇지 않다. 예를 들어 우리는 아리스토텔레스의 철학을 위대하다고 거침없이 말할 수는 있지만, '당시의 과학 수준에서는' 따위의 수식어를 붙이지 않고서 현재의 관점에서 아리스토텔레스의 4원소론을 훌륭하다고 주장할 수는 없다. 아리스토텔레스는 세상이 물, 불, 공기, 흙의 네 가지 원소로 이루어져 있으며, 이것들은 건조함과 축축함의 두 가지 성질 가운데 하나를 갖고 있다고 생각했다. 이들 네 가지 원소와 두 가지 성질의 조합을 통해 세상의 모든 존재와 이들의 물리 현상이 설명될 수 있다는 것이다. 4원소론은 현대 물리학의 최신 이론인 끈이론은 물론, 근대 과학의 원자론에 비해서도 한참 '열등'하다고 말할 수 있다. 다만 과학사 연구에서 하나의 항목으로 취급되거나 고대 그리스 철학의 흐름을 추적하는 참고자료로 사용될 뿐이다. 〈철학의 원리〉를 읽기가 곤혹스러운 이유는 여기서 발생한다. 다음을 살펴보자.

"지구에 관하여" 77: 어떻게 땅이 움직이게 되는 것인지.(지진이 일어나게 되는 것인지.)

많은 양의 가지 달린 작은 부분들이 땅의 균열된 틈이나 굴 속으로 흘러 들어가면 기름으로 변하게 될 때보다는 더 빠르게 운동한다. 이때 그것들은 그곳에서 두꺼운 유성 연기를 이루는데, 이 연기는 초를 방금 껐을 때 나오는 연기와 별반 다르지 않다. 그리고 그 연기가 그 속에서 점화되어 계속 타게 되면 공기가 갑자기 희박해져서 굴의 벽을 모두 세게 뒤흔든다. 이때 많은 알코올이 그것들과 섞여 있다면 그 흔들림은 특히 더 심한데, 땅은 이렇게 해서 움직이는 것이다.

무슨 말인지 정확하게 알아듣긴 힘들지만, 분명히 우리가 알고 있는 지진의 원인과는 전혀 다른 이야기를 하고 있다. 맨틀(mantle. 지구의 지각과 핵 사이의 부분. 깊이 약 30km~2,900km), 지진파 등 데카르트 이후 축적된 지구과학의 개념들로 봤을 때, 이러한 주장은 수준 낮은 추측일 수밖에 없다. 사실, 우리가 제대로 이해하기 힘든 이유도 어려워서가 아니라 데카르트 시절 과학의 인식체계가 지금과 너무 달랐기 때문이다. 무엇보다 과학의 경우, 과거의 과학은 단지 오늘날과 달랐을 뿐이며 우리가 그들보다 반드시 우월하지 않다는 상대주의적 입장을 견지하기 어렵다. 한 마디로 데카르트의 과학은 현대의 수준보다, 더 솔직히 말하자면 과학을 전공하지 않은 평균적인 현대인보다 더 낮다. 따라서 그 시절에 비해 과학이 얼마나 진보했는지에 대해 관심을 가지고 있다면 모를까, 우리가 굳이 〈철학의 원리〉를 읽어야 할 이유는 없다. 하루가 다르게 발전하는 과학기술을 따라잡기에도 시간이 부족할 지경인데, 초등학생 수준도 아는 내용을 엉뚱하게 기술한 책을 읽는 것은 시간 낭비가 아닌가!

그러나 분명히 말하건대, 〈철학의 원리〉는 읽을 만한 가치가 있다. 꼼꼼히 완독할 필요는 없더라도 목차를 보며 재미있어 보이는 단락을 읽어볼 가치는 충분하다는 것. 특히 나중에 말하겠지만 목차의 순서는 절대 놓쳐서는 안 된다. 왜일까? 그것은 오늘날의 우리를 반성해 볼 수 있는 중요한 토대가 되기 때문이다. '반성'이라, 이거 고전을 읽으라고 강요할 때마다 나오는 단골 메뉴 아닌가! 성경을 읽으면서도, 도덕경을 읽으면서도 현대 문명을 반성하라고 모든 논술관련 서적들이 외치지 않는가! 이젠 지긋지긋하다.

그러나 곰곰 생각해 보면, 반성이라고 다 같은 반성이 아니다. 예를 들어 도덕경을 읽으면서 우리는 무엇을 반성해야 할까? 문제지의 해답처럼 답한다면, '계산적인 합리성을 절대시하고 자연을 잊고 인위와 인공에만 매달리는 현대인의 모습' 정도로 말할 수 있을 것이다. 더 근본적으로는, 현대인의 삶과는 완전히 상반된 삶을 제시해 주기 때문에 반성적으로 읽힐 수 있고 답할 수 있다. 이처럼 대개의 고전은 우리의 현실적인 삶과 정반대되는 가치를 보여주면서 '이렇게도 살아볼 수 있어!'라고 외치는 것 같다. 그러나 선행되어야 할 질문이 있다. 대체 우리의 삶은 어떤 원리로 작동되고 있는가? 정말로 이성, 합리, 자본, 시장 등의 단어를 몇 개 나열하고 비판한다고 해서 오늘날의 사회와 삶이 설명되고 반성될 수 있을까? 문제는 현대인의 삶의 기저에 놓여 있는 논리를 찾기가 쉽지 않다는 것이다.

2. 현대 문명의 계보학으로로서의 〈철학의 원리〉 읽기

대체 현대 문명의 논리를 어떻게 찾아야 할까? 가장 쉽고도 확실한 방법은 현대 문명이 탄생한 시점으로 거슬러 올라가 보는 것이다. 누가 자신에 대해 더 많이 알고 싶다면 어떻게 해야 할까? 한 가지 방법은 자신의 윗세대가 어떻게 살아왔는지를 살펴보는 것이다. 단순히 위대한 선조를 찾아내고는 어깨 으쓱하며 자랑하자는 것이 아니라 그들이 어떤 논리에 따라 삶을 영위했는지 알아보는 것이다. 이것이 한 민족이나 국가의 범위로 확대되면 역사가 된다. 결국, 역사는 시간을 거꾸로 거슬러 올라가 현재를 더 제대로 보기 위해 필요한 것이다. 자칫 잘못하면 조상이 열등했으니 자손들도 열등하다는 우생학으로 빠질 수도 있고 모든 원인을 먼 과거에서 찾아 현재를 포기해 버리는 운명론으로 귀결될 수도 있지만, 과거부터 현재까지의 역사를 살펴보는 것은 현재를 반성해 보기 위해서는 필수적이다. 마찬가지로 현대 문명의 출발점으로 거슬러 올라가보는 것이 현대 문명을 제대로 반성하기 위한 필수 조건이다.

마치 자신의 과거를 알기 위해 가문의 계보를 뒤지듯이, 현재를 파악하기 위해 과거를 살피는 방식을 우리는 '계보학'이라고 부른다. 계보학은 현재의 모든 가치에 대해 의문을 제기하면서 시작된다. 이를테면, "정신병자들은 정신병원에 강제로 수용되어 치료받아야 한다"는 명제는 매우 당연해 보인다. 마치 인간이 처음 발생했을 때부터 존재하는 당연한 이치처럼 느껴진다. 가게에서 돈을 내고 물건을 사는 행위도 시공을 초월한 규칙처럼 보인다. 그러나 계보학은 이러한 논리들의 시초를 추적한다. 놀랍게도 이렇게 시초를 추적하다 보면 우리가 당연시하는 것들이 겨우 몇 백 년, 심지어 수십 년 전에 탄생한 것들인 경우가 허다하다.

앞서 예를 들었던 정신병자들의 수용 문제를 보자.

질문: 과연 정신병자들은 언제부터 격리 수용됐는가?

대답: 유럽의 경우, 프랑스는 17세기에 왕명으로 정신병자들을 대거 잡아들였지만 현대적 의미의 정신병원이 설립된 것은 프랑스 대혁명 이후다. 그러니까 약 200년 정도밖에 되지 않았다고 할 수 있다.

질문: 그렇다면 왜 격리됐는가?

대답: 그들이 정상인과 다르며 위험하다고 인식됐기 때문이다.

질문: 그렇다면 이전에는 정신병자가 정상인과 다르지 않고 위험하지 않았단 말인가?

대답: 이전에는 정신병이라는 개념 자체가 없었다고 할 수도 있다. 조선시대에 정신병자들을 따로 격리했다는 걸 들어본 적이 있는가? 오히려 조선시대를 극화한 영화나 소설을 보면 외지인들이 낯선 마을로 진입할 때, 마을 어귀에서 그들을 가장 먼저 맞이하는 이는 정신이 좀 오락가락하는 사람인 경우가 많다. 유럽의 중세도 다르지 않았다. 사실 정신병자는 정상인과 적당히 뒤섞여 살았다. 정신에 병이 들었다기보다는 귀신에 들렸다거나 악마의 유혹에 넘어갔다고 생각했다. 더 정확히 말하자면 정상인과 비정상인의 개념이 과거에는 지금과 무척 달랐다.

질문을 아주 단순화했지만, 이런 식으로 질문을 계속 던지다 보면 결국 현재 우리의 삶을 지탱하는 논리가 드러나게 된다. 보편적 진리라고 생각한 것들이 기껏해야 수백 년 혹은 특정 문명에 국한된 매우 특수한 사건으로 드러나는 것이다.

왜 이것이 중요한지는 우리의 삶이 어떻게 정당화되는지를 살펴보면 쉽게 알 수 있다. 왜 우리는 물건을 소유하려면 시장에서 돈을 주고 거래해야 하는가? 왜 돈을 빌린 사람은 빌려준 사람에게 이자를 줘야 하는가? 이 같은 질문에 대해 일상에서 통용되는 가장 쉽고도 강력한 대답은 "본래 그렇다"이다. 인간의 본성이 그렇고, 알 수 없는 먼 과거부터 쭉 그냥 그래 왔다는 것이다. 물론, 현대 문명의 성과가 이런 질문들에 대해 촘촘한 답을 마련해 놓지 않은 것은 아니다. 왜 이자를 줘야 하는가? 현대 경제학은 당신이 돈을 빌렸다면 돈을 빌려준 사람의 기회비용을 가져간 것이고, 여기에 미래에 대한 할인율이 적용된다는 점에도 유의하라고 대답할 것이다. 어렵다고? 그럼 다시 물어봐라. 왜 인간이 기회비용을 가지고 있으며, 미래에 대한 할인율을 적용하는가? 결국, 묻다 보면 인간은 자신의 경제적 이익을 추구하는 합리성을 가진 이기적 존재이기 때문이란 답에 도달할 것이다. "야, 그럴듯한데"라고 생각할지도 모른다. 그러나 아무 경제학 개론서든 펼쳐보라. 아마도 현대 경제학은 인간을 이기적이고 합리적인 존재로 전제한다고 적혀 있을 것이다. 즉 우리의 질문을 받은 경제학자는 사실 현대

경제학의 논리를 거꾸로 말한 것일 뿐이다

　　현대 문명이 사실은 순환적 논리에 머물러 있다는 냉소를 말하려는 것이 아니다. 우리의 문명이 보편적이지 않고 매우 특수한 논리 위에 설립되었을 수 있다는 것이다. '특수한' 문명으로서 현대 문명의 특징을 역사를 거슬러 올라가 살펴보는 것이 계보학이다. 보편적이라고 생각했던 것이 사실은 특수한 것이란 인식에서부터 관점이 달라지고 반성이 시작된다. 이것이 계보학이 반성적일 수 있는 이유다. 그러나 계보학이 말처럼 쉽지는 않다. 우선 출발점을 어디로 삼을 것인지, 부터 문제가 된다. 무작정 과거로 거슬러 올라갈 수만도 없다. 인류 역사를 살펴본다고 오스트랄로피테쿠스까지 거슬러 올라가봤자 염색체의 유사성 말고는 현재 우리 삶의 모습을 찾아내기 어렵다. 물론, 문자가 존재하지 않던 시절이기 때문에 연구자료를 찾기도 쉽지 않다. 문자가 성립한 시대와 그 이전 시대 간에는 근본적인 단절이 있다는 사실을 알기 때문에 우리는 이런 바보짓은 하지 않는다. 현대 문명의 근원을 탐구한다고 석기시대를 살펴볼 수는 없다. 따라서 정확한 현대 문명의 출발점을 찾거나 출발점을 확정할 필요성이 생기는 것이다. 데카르트는 이런 점에서 가장 적절한 현대 문명의 출발점이다.

　　우리가 거슬러 올라가야 할 지점을 대충이나마 확정했더라도 문제가 끝난 것은 아니다. 위에서 예시했던 정신병자 수용의 문제를 보자. 우리가 정신병자의 개념이 확립되고 이들이 수용되기 시작한 지점을 찾으려고 한다면 어떻게 해야 할까? 최초로 정신병자를 수용한 병원을 찾아내고 그 병원이 어떤 기준으로 정신병자와 정상인을 구별했는지 기록을 뒤져야 한다. 먼지 낀 서류와 기록들을 뒤져보지 않는다면 불가능한 일이다. 현대 문명의 시초원리를 찾는 일도 마찬가지다. 오히려 더 어렵다. 예를 들어 천년 뒤 후손들이 우리들의 삶이 어떤 논리로 이루어졌는지 살펴본다고 하자. 〈현대 문명의 구성 원리〉 같은 책이 있으면 좋을 텐데 없다. 만약 있다고 해도 21세기를 살아가는 모든 사람들이 동의하기는 쉽지 않을 것이다. 따라서 그들은 현대인들이 구축한 각종 서적과 문서, 인터넷 자료를 뒤져가며 스스로 일관된 논리를 찾아야 한다. 경제학을 공부해도 공학서적을 뒤져봐도 최첨단의 성과를 빨리 습득하도록 도울 뿐, 현대 문명의 기본적 논리를 말하지도 않고 자신이 어디서 시작됐는지를 가르쳐주지는 않는다.

이쯤 되면 〈철학의 원리〉를 왜 읽어야 하는지 추정할 수 있을 것이다. 그렇다. 〈철학의 원리〉는 앞서 언급한 가상의 책 〈현대 문명의 구성 원리〉 같은 책이다. 현대 문명이 구성된 원리와 현대인을 지배하는 논리의 출발점이자 이를 가장 포괄적으로 종합한 책인 것이다.

3. 데카르트 제대로 보기

〈방법서설〉, 데카르트에 대한 오해의 근원

사실 데카르트 하면 〈방법서설〉이지만, 그만큼 데카르트를 오해하게 만드는 책도 없다. 우선 제목을 보자. '방법(method)'에 관한 책이란 건 알겠는데, 대체 무엇을 위한 방법인가? 〈방법서설〉의 마지막 장은 자연탐구를 더욱 진척시키기 위해 요구되는 것을 다루고 있다. 더욱 결정적인 것은 데카르트가 〈방법서설〉을 따로 출판하지 않고, 굴절광학, 기상학, 기하학 등의 다른 내용들과 함께 묶어 출간했다는 점이다. 즉 〈방법서설〉은 자연탐구를 위한 서론이라고 할 수 있으며, 자연탐구 이전에 해결해야 할 인식론과 방법론에 관한 것이다. "나는 생각하고 있다. 고로 나는 존재한다(*cogito ergo sum*)"는 관찰 대상인 자연을 탐구하기 이전에 관찰 도구인 인간의 인식, 더 나아가 인간 인식의 전제인 인간의 존재에 대해 확정지을 필요에 따라 탄생했다. 〈철학의 원리〉의 목차를 살펴보면 데카르트의 의도를 분명히 알 수 있다.

1. 인간 인식의 원리들에 대하여

2. 물질적인 것들의 원리들에 관하여

3. 가시세계에 관하여

4. 지구에 관하여

데카르트는 인간의 존재를 확정하여 인간 인식의 근거를 완성하고, 다음으로 관찰 대상인 물질의 원리를 확정짓는다. 물질의 원리에서 특히 주목할 부분은 '물질 충만 공간'이란 의미를 지닌 '플리넘(plenum)'이다. 그는 물질의 가장 중요한 속성을 연장으로 본다. '연장'이란 물질이 공간을 점유하고 있다는 의미다. 존재의 근원인 연장을 가지지 않은 상태는 있을 수 없다. 그렇게 되면 존재 자체를 부정해야 하기 때문이다. 따라서 데카르트는 모든 우주가 연장이란 특성을 지닌 물질들로 가득 차 있다고 봤으며, 플리넘이라고 부른 것이다. 이런 논리에 따르면 진공 상태란 존재할 수 없다. 인간 존재에 대한 확정성만큼이나 물질의 존재에 대해서도 확실한 기반을 마련해 두려고 한 것. "물질은 연장을 가진다. 고로 존재한다' 정도로 말할 수 있겠다.

귀납과 연역

한 가지 더 데카르트에 대한 오해 가운데 풀어야 할 것은 귀납과 연역이다. 흔히 프랜시스 베이컨을 귀납법을 통한 경험론, 데카르트를 연역법을 통한 합리론으로 양분하는 것은 다분히 오해의 소지가 있다. 데카르트를 그저 연역법으로 규정하면 마치 자연과학에 대해서도 골방에 앉아 상상의 나래를 펼쳐야 하는 것처럼 읽힌다. 그러나 전혀 그렇지 않았다. 데카르트의 방법론이 연역법으로 오해받는 이유도 〈방법서설〉의 영향이 크지만, 객관적인 관찰의 대상은 존재하는 자연과학이 아니라 주로 형이상학적이고 철학적인 주제였다. 나는 존재하는가? 신은 존재하는가? 완벽한 인식이 가능한가? 이런 질문은 어차피 경험적 실험이 불가능한 영역이다. 따라서 자신의 사고로 실험할 수밖에 없었으며, 이런 이유로 "*cogito ergo sum*"에서 출발할 수밖에 없었다. 즉 〈방법서설〉이 다룬 주제 자체가 귀납법의 적용이 불가능한 영역이었다. 그러나 〈철학의 원리〉에서는 자연과학에 해당되는 부분에서 철저하게 실험적이다.

"물질적인 것들의 원리들에 관하여 1" 물질적인 것들의 존재를 확실하게 인식하는 근거가 무엇인지.

　물질적인 것들이 존재한다는 데 대하여 확신하고 있지 못한 사람은 아무도 없다. 그러나 우리는 앞에서 이를 의심스러운 어린 시절의 선입견으로 간주했기 때문에, 이제 그것을 확실하게 인식할 수 있는 근거들을 찾아야 한다. 우리가 감각하는 것은 그것이 무엇이든 간에 우리의 정신과는 다른 것으로부터 오는 것이 확실하다. 왜냐하면 우리가 무엇을 감각하게 되느냐 하는 문제는 우리에게 달려 있는 문제가 아니라 전적으로 우리의 감관을 자극하는 것에 달려 있는 문제이기 때문이다. … 그렇기 때문에 만일 신이 직접 우리의 정신에 연장된 물질의 그런 관념을 드러나게 하거나, 연장과 모양과 운동을 지니지 않은 어떤 것으로 하여금 그런 관념을 드러내도록 하는 것이라면, 신이 사기꾼이 아니라고 믿어야 할 하등의 이유가 없다. … 그러나 우리는 이미 신이 사기꾼이라는 것은 분명히 신의 본성에 위반된다는 것을 알고 있다. 그렇기 때문에 우리는 길이, 너비, 깊이로 연장된, 그리고 우리가 연장 실체에 속한다고 명석하게 지각하는 모든 성질들을 가진 것이 존재한다고 결론지어야 한다.

이처럼 데카르트는 인간과 신의 존재를 증명하며 멀리 돌아갔지만, 결국 감각을 통해 지각되는 것들을 결론적으로 인정한다. 따라서 실험과 관찰의 당위가 확보된다. 실제 〈철학의 원리〉는 실험과 관찰을 시각화한 삽화들로 가득하다. 데카르트는 과학자들이 "내가 지금 관찰하는 것이 진짜 존재하는가?" 따위의 회의론에 빠지지 않도록 먼저 회의에 빠져들어 그 문제를 해결한 셈이다. 이런 점에서 데카르트를 '회의론자'로 부르는 일부의 설명은 매우 잘못된 것이다. 데카르트는 오히려 회의론에 철저히 반대했다. 무엇도 인식 불가능하다는 회의론에 맞서 회의의 방법을 통해 인간 이성의 든든한 근거를 마련하려 했던 것이다.

4. 데카르트의 약점, 현대 문명의 약점

앞서 우리는 데카르트에 대한 일부 오해를 풀고 데카르트가 회의론을 극복하기 위해 오히려 회의를 끝까지 밀어붙여 이성에 대한 신뢰를 회복하려고 애썼다는 점을 확인했다. 사실 데카르트 이후 서양 철학의 역사는 오류의 가능성을 없애고 온갖 형태의 의심과 회의에도 흔들릴 수 없는 절대적 지식과 그 지식을 확보하기 위한 기준점을 확립하려는 시도의 역사였다. 데카르트는 "*cogito ergo sum*"을 통해 절대적 지식의 기준점을 확대했다고 믿었지만, 그 이후에도 회의론은 끝없이 되풀이되었다.

그러나 회의론과 반회의론은 현대 문명이 기반한 서양 철학의 동전의 양면일 뿐이다. 이것을 "개라는 개념은 짖지 않는다"라는 스피노자 이래로 철학의 역사에서 자주 등장하는 어구를 통해 살펴보자. 개는 존재하는가? 우리는 개에 대해 절대적인 지식을 확립할 수 있는가? 불독과 치와와가 다르고 진돗개도 다르다. 이들을 모두 종합하여 개의 절대적 실체를 확립하려고 하면 개는 존재하지 않게 되어버린다. 플라톤이 제시한 해법대로 이데아로서의 개, '절대 개'를 상정하면 쉽게 해결될 수도 있다. 그러나 우리는 이런 '절대 개'를 실증적으로 증명할 수도 없으며, 더구나 이데아가 아닌 현실 세계를 살고 있는 인간의 이성이란 결국 뒤떨어진 시도에 불과한 것이 되어버린다. 절대적 지식에 대한 추구는 우리가 아무것도 제대로 알 수 없으며 실제 개가 존재하는지조차 확실하지 않다는 회의론으로 귀결되기 십상이다.

이 같은 회의를 극복하기 위해 데카르트가 제시한 방식도 동의하기가 쉽지 않다. "우리의 감각이 다 거짓이라면, 우리에게 감각을 부여한 신은 사기꾼이 된다. 그런데 신이 사기꾼이라는 것은 완전무결한 신의 관념에 어긋난다. 따라서 감각은 때로는 진리를 왜곡할 수 있지만 완전히 거짓은 아니다." 사실 이것이 데카르트가 회의를 극복한 논리의 전부다. "*cogito ergo sum*"을 통해 인간의 존재를 일단 절대적인 기준점으로 삼고, 이것이 의심스러우면 신의 관념에 의존하는 방식이다. 데카르트의 해결책이 결코 정답이 될 수 없다는 점은 데이비드 흄부터 오늘날의 포스트모더니즘까지 새로운 형태의 회의론이 끊임없이 출현했다는 점에서도 명백히 드러난다.

여기서 잠깐 실재론(realism), 경험론(empiricism), 포스트모더니즘 등의 철학적 입장과 그 효과를 단순화의 위험을 무릅쓰고 간단히 구별해 보자. 실재론은 우리가 인식하는 것이 실재한다는 것이다. 경험론은 볼 수 있는 탁자 같은 것은 존재한다고 인정한다. 포스트모더니즘은 탁자처럼 보이는 것도 실재하는지 알 수 없으며 이것에 대한 인식도 권력에 의해 쉽게 왜곡될 수 있다고 본다. 이런 입장들이 가져오는 차이는 무엇일까? 실재론은 데카르트의 입장에 가깝다고 볼 수 있다. "개라는 개념은 짖지 않는다"라는 문제에서 인간이 차분히 기준점을 세우고 이성을 활용하다 보면 절대적인 개에 대한 지식에 도달할 수 있다고 믿는 것. 포스트모더니즘은 보이는 개조차도 권력에 의해 인간이나 고양이로 인식될 수 있다고 본다. 경험론은 보이는 개에 대한 인식만 가능하고 절대적인 개에 대한 지식 따위는 없다고 본다. 자, 어느 쪽을 선택해야 할까?

실재론의 입장은 이성을 지나치게 절대시할 우려가 있다. 또한 절대적인 지식을 위해 데카르트가 인간 이성에 대한 확신이나 신의 절대성에 의존한 것처럼 오히려 믿기 어려운 편협한 근거만을 들이댈 수밖에 없다. 한편, 포스트모더니즘은 아무것도 알 수 없다는 불가지론과 회의, 냉소로 귀결되기 십상이다. 그렇다면 경험론이 그나마 과학적인 방법으로 보인다. 그러나 여기에도 문제는 있다. 개나 탁자처럼 사물에 대한 인식이 아닌 사회구조에 대한 인식으로 관심을 돌려보자. 자본주의의 모순적 구조는 존재하는가? 경험론이라면 관찰 불가능한 구조 따위는 존재하지도, 인식될 수도 없다. 고용주는 월급을 주고 노동자는 월급을 받는다는 표면적인 현상을 벗어난 모순을 파악할 수 없다. 포스트모더니즘에 따르면 이런 현상조차 인식 불가능하므로 구조 따위는 생각하기도 어렵다. 그나마 이러한 구조가 실재하며 인식가능하다는 실재론이 사회의 구조적 모순에 접근할 가능성을 열어준다. 그러나 잘못하면 인식된 구조를 절대시하여 오히려 이견을 막고 독단으로 흐를 수 있다. 우리는 현실 사회주의가 자본주의를 절대악, 사회주의를 절대선으로 인식하여 어떠한 결과를 초래했는지 잘 알고 있지 않은가?

그러면 대체 어떻게 해야 할까? 우리는 어느 쪽이 올바른 인식방법인가를 논하기에 앞서 과연 데카르트 이래의 서양 철학의 목적, 즉 절대적 지식과 그것을 성취하기 위한 절대적 기준점의 확보가 올바른 목표인지를 되짚어봐야 한다. 누구도 반론을 제기할 수 없는 절대지식의 추구가 철학의 진전을 가져왔지만, 손쉽게 회의론과 불가지론으로 귀결될 수도 있음을 우리는 확인했다. 오히려 문제는 절대지식의 추구였을 수 있다. 우리는 개를 완벽하게 알 수 없다. 완벽한 개를 안다는 것은 고정된 완벽한 개를 설정할 때만 가능하다. 그러나 개는 주인과의 관계에서는 애완견이 되고 고양이와의 관계에서는 본능에 충실한 야수가 될 수도 있다.

불교식으로 하면, 실체라는 것들은 모두 다른 것들과의 관계인 '인연(因緣)'을 통해서만 존재하기 때문에 고정된 실체가 없다는 '제법무아(諸法無我)'를 주장할 수도 있다. 그리고 서양의 기독교적 사유로 말하자면, 인간은 신과는 다른 근본적인 한계를 지닌 존재다. 절대지식은 신의 영역이지 인간의 영역이 아니다.

그러나 우리는 실재론의 관점을 손쉽게 포기해서는 안 된다. 앞서 봤듯이 실재론의 포기는 구조를 생각하지 않게 만들어 순간의 낙관과 행복을 가져올 수 있을지 모르지만, 모순과 문제에 눈을 감게 만든다. 사실, 경험론과 포스트모더니즘도 실재를 부정한다면 불가능하다. 보이는 책상만을 인정하는 경험론도 책상이 형태를 취할 수 있는 원자의 구조와 책상을 고정시키는 인력의 원리가 없다면 불가능하다. 포스트모더니즘이 말하는 권력은 대부분의 경우 총과 칼로 위협하는 직접 폭력이 아니라 사회의 깊은 구조와 오래된 역사가 만든 것들이다. 경험론의 쓸모는 오히려 절대적인 지식으로 폭주할 수 있는 실재론의 위험성을 막는 데 있다. 포스트모더니즘의 사유도 실재론이 하나의 이론으로서 가질 수 있는 권력지향성을 환기시키는 데 유용성이 있다.

결론적으로 데카르트 이래의 현대 문명은 한마디로 실재론이라고 할 수 있다. 실재하는 것이 있기 때문에 인간의 이성이 무언가를 인식할 수 있다는 것. 그러나 실재를 고정되고 절대적인 것으로 파악하고, 따라서 실재에 대한 절대 지식이 있다고 생각하고 그 지식을 추구한 점에서 문제가 발생했다. 현대 문명을 포기할 수 없는 인간이 선택할 수 있는 유일한 가능성은 한계를 인정하는 실재론, 겸손할 줄 아는 실재론일 수밖에 없을 것이다.

〈2007 대입 서강대 논술 수시1 학교장 추천〉

다음 세 제시문을 읽고 각 제시문에 나타난 특징적인 '자아'의 모습을 서술하고, (나)의 관점에서 (다)의 관점을, (다)의 관점에서 (나)의 관점을 비판하는 논의를 전개하라. (1,200~1,400자 내외)

(가)

원시인에게는 낯익은 것과 낯선 것, 내부 세계와 외부 세계, 삶과 죽음, 혼령과 신체 등을 엄격히 분리하는 도식이 존재하지 않았다. 그에게는 영혼이나 몸이나 모두 분명한 경계선을 가진 어떤 특정한 영역으로 보이지 않았다. 원시인은 자기 자신과 자기 주변에서 낯선 다른 힘의 세계를 경험했다. 괴상하게 생긴 바위나 사람의 발길이 닿아본 적이 없는 대초원의 삭막함 등 예외적이고 놀라운 것은 모두 그와 같은 힘의 현존을 뜻할 수 있었다. 영혼 자체도 그런 힘으로 경험되었다. 호흡도 인간이 이해할 수 없는 어떤 신비스러운 힘의 존재를 보게 한다. 상처받은 몸에서 나오는 검붉은 피, 머리카락, 아무런 표정이 없는 가면의 신비, 소름이 끼칠 정도로 뻣뻣한 시체 등을 모두 낯선 힘의 현존으로 여겼다.

(중략)

　원시사회 속에서 인간은 자기 홀로 있는 것만으로는 아직 '완성된 존재'가 아니었다. 인간은 그가 살고 있는 사회 구조와 뗄 수 없고, 비로소 그 안에서 자기 자신이 된다. 만일 사회의 구성원 중 한 사람이 죽을 때, 애곡하는 것은 그의 죽음을 슬퍼하기 때문이 아니라, 그의 죽음으로 사회 구조가 혼란을 받게 된 것을 슬퍼하기 때문일 수도 있다. 사실 '나'라는 말은 어떤 관계(가령, 가족 관계)에서만 사용되기 때문에 단지 '나-아버지', '나-삼촌' 등의 형식으로만 나타난다. 개인은 친족 관계와 집단 관계에서 비로소 자기 자신을 발견하게 된다. 그러므로 한 인격은 여기저기 확산되고, 보다 넓은 관계의 장에서 그가 담당해야 하는 역할과 떨어질 수 없다. 이 관계가 없이, 곧 개인으로서는 아무것도 아니다. 그의 행동거지는 사회적 · 신화적 공간 안에서 결정된다. 그러므로 여기서는 내부 세계와 외부 세계, 몸과 영혼을 그렇게 엄격하게 구별해 놓을 수 없다.

―반 퍼슨 〈몸 · 영혼 · 정신〉

(나)

　나는 오직 진리 탐구에 전념하려고 하므로, 조금이라도 의심할 수 있는 것은 모두 전적으로 거짓된 것으로 던져버리고, 이렇게 한 후에도 전혀 의심할 수 없는 것이 내 신념 속에 남아 있는지를 살펴보아야 한다고 생각했다. 그러므로 우리 감각은 종종 우리를 기만하므로, 감각이 우리 마음속에 그리는 대로 있는 것은 아무것도 없다고 가정했다. 그리고 아주 단순한 기하학적 문제에서조차 추리를 잘못하여 오류 추리를 범하는 사람이 있으므로, 나 역시 다른 사람들과 마찬가지로 잘못을 저지를 수 있다고 판단하고, 전에 증명으로 인정했던 모든 근거를 거짓된 것으로 던져버렸다. 끝으로, 우리가 깨어 있을 때 갖고 있는 모든 생각은 잠들어 있을 때도 그대로 나타날 수 있고, 이때 참된 것은 아무것도 없음을 알았기 때문에, 지금까지 정신 속에 들어온 것 중에서 내 꿈의 환영보다 더 참된 것은 아무것도 없다고 생각하기로 결심했다. 그러나 이런 식으로 모든 것이 거짓이라고 생각하고 있는 동안에도, 이렇게 생각하는 나는 반드시 어떤 것이어야 한다는 것을 알게 되었다. 그리고 '나는 생각한다. 그러므로 나는 존재한다'라는 이 진리는 아주 확고하고 확실한 것이고, 회의론자들이 제기하는 가당치 않은 억측으로도 흔들리지 않는 것임을 주목하고서, 이것을 내가 찾고 있던 철학의 제1원리로 거리낌 없이 받아들일 수 있다고 판단했다. 그런 다음에, 내가 무엇인지를 주의 깊게 고찰했으며, 이때 다음과 같은 것을 알게 되었다. 즉, 나는 신체를 갖고 있지 않으며, 세계도 없으며, 내가 있는 장소도 없다고 상상할 수 있지만, 그렇다고 해서 내가 전혀 존재하지 않는다고 생각할 수는 없고, 오히려 반대로 내가 다른 것의 진리성을 의심하려고 생각하고 있다는 사실 자체에서 내가 존재한다는 것이 아주 명백하고 확실하게 귀결되고 있음을 알게 되었다. 그러나 내가 그때까지 상상했던 나머지 다른 것들이 설령 참이라고 하더라도, 내가 단지 생각하는 것만 중단한다면, 내가 존재하고 있었다는 것을 믿게 할 만한 아무런 근거도 없음을 알았다. 이로부터 나는 하나의 실체이고, 그 본질 혹은 본성은 오직 생각하는 것이며, 존재하기 위해 하등의 장소도 필요 없고, 어떠한 물질적 사물에도 의존하지 않는 것임을 알게 되었다. 그래서 이 나, 즉 나를 나이게 끔 해주는 정신은 물체와는 전적으로 다른 것이며, 심지어 물체보다 더 쉽게 인식되고, 설령 물체가 존재하지 않는다고 하더라도 정신은 스스로 중단 없이 존재하는 것이다.

—르네 데카르트 〈방법서설〉

(다)

접속의 시대는 새로운 유형의 인간을 몰고 온다. 바다의 신이자 변화무쌍한 모습을 가졌던 그리스 신화의 프로테우스처럼 새로운 '프로테우스' 세대의 젊은이들은 전자상거래와 사이버스페이스 세계에서 이루어지는 사업에 아무런 거부감이 없으며 그 속에서 펼쳐지는 사교 활동에도 적극적으로 참여한다. 그들은 문화경제를 구성하는 수많은 시뮬레이션 세계에 척척 적응한다. 그들에게 익숙한 세계는 이념적 세계가 아니라 연극적 세계이다. 그들의 의식은 노동 정신보다는 유희 정신에 기울어 있다. 그들에게 접속은 이미 생활의 일부가 되었다. 재산도 중요하지만 연결된다는 것이 훨씬 더 중요하다. 21세기의 인간은 관심을 공유하는 사람들로 이루어진 네트워크의 접속점이라는 의식으로 살아갈 것이고, 다윈이 말한 적자생존의 경쟁이 치열하게 벌어지는 세계에서 자율적으로 살아가는 주체라고 스스로를 생각할 것이다. 그들이 생각하는 개인적 자유의 의미는 소유권이라든지 남들의 간섭에서 벗어나는 능력과는 점점 거리가 멀어질 것이다. 대신, 상호관계의 그물에 포함될 수 있는 권리로서의 의미가 점점 부각될 것이다. 그들은 접속의 시대를 살아가는 첫 번째 세대이다.

　　인쇄기가 지난 수백 년 동안 인간의 의식을 바꾸어놓았던 것처럼 컴퓨터는 앞으로 두 세기 동안 인간의 의식에 커다란 영향을 미칠 것이다. 심리학자와 사회학자들은 이른바 '닷컴' 세대에 속하는 젊은이들의 정신 발달 과정에서 일어나는 변화에 벌써 주목하고 있다. 컴퓨터 화면 앞에서 자라면서 많은 시간을 채팅과 전자오락에 쏟아 붓는, 아직은 소수이지만 점점 그 수가 늘어나고 있는 젊은이들은 심리학에서 말하는 '다중인격자'에 가까워지고 있다. 그들의 의식은, 특정한 시간에 자신이 몸담았던 가상 세계나 네트

워크와 어울리기 위해 이용했던 짧은 토막의 파편들로 이루어져 있다. 일각에서는 이 닷컴 세대가 현실을 수시로 바꿀 수 있는 한낱 이야기들에 불과한 것으로 인식하기 시작했다고 우려한다. 주위 세계에 적응하고 주변 사람을 이해하려면 일관된 참조의 틀이 있어야 하는데 이 틀을 형성하는 데 필요한 끈끈한 인간관계의 경험과 참을성 있는 주의력이 이들에게는 부족하다는 지적도 나오고 있다.

이것을 오히려 긍정적으로 해석하는 시각도 있다. 사람들이 실제로 접하는 현실 세계는 빠르게 움직이고 정신없이 바뀌는데, 이런 현실을 제대로 수용하려면 사람의 의식도 협소한 굴레에서 벗어나 좀더 발랄하고 유연하고 심지어는 찰나적으로 변할 필요가 있지 않느냐는 것이다.

—제레미 리프킨 〈소유의 종말〉

[문제] 다음은 데카르트의 〈철학의 원리〉에서 발췌한 내용이다. 지문을 읽고 지식과 권력의 관계에 대해서 간단히 서술하고, 지식에 대한 올바른 태도가 무엇인지 논술하라.(800~1,000자 내외)

"가시세계에 관하여" 19. 나는 코페르니쿠스보다는 더 조심스럽게 티코보다는 더 사실적으로 지구의 운동을 부정한다.

이 때문에 내가 그들과 다른 것은 단지 다음과 같은 점에 관한 것뿐이다. 나는 티코보다는 더 사실적으로 코페르니쿠스보다는 더 진지하게 지구에게서 모든 운동을 배제할 것이다. 여기서 사는 모든 현상들을 이해하고 그것들의 자연인을 탐구하는 데 적합한 가설들 중 가장 단순한 것을 제시하고자 한다. 그러나 이것 역시 진리로서가 아니라 단지 가설로서만 받아들여지기를 바란다.

"가시세계에 관하여" 29. 운동을 그 고유한 의미로서가 아니라 일상적인 의미로서 이해한다 하더라도 지구에 운동을 귀속시켜서는 안 된다. 그러나 다른 행성들이 움직인다고 하는 것은 옳다.

운동을 일상적인 의미로 이해하면, 다른 모든 행성들은 움직인다고 해야 하며, 게다가 태양과 항성들 또한 그렇다. 그러나 지구 또한 그러하다고 하는 것은 매우 적합지 않다. 왜냐하면 일반 대중은 움직이지 않는 것으로 간주된 지구의 부분들로부터 별들의 위치를 규정하기 때문이다. 그리고 그들은 별들이 그런 식으로 규정된 위치에서 멀어져 가는 한 그것들이 운동한다고 판단한다. 이는 사는 데 도움이 되며 따라서 합리적이다. 우리 모두는 유년기부터 지구는 둥글지 않고 평평하며 지구 어디에나 동일한 위아래가 있고 동일한 세계의 축들, 즉 동서남북이 있다고 믿어왔다. 이 때문에 그것들을 사용해서 다른 모든 물체들의 장소를 규정했다. 그러나 어떤 철학자가 지구가 유동적이며 움직일 수 있는 하늘에 담겨 있는 구인 반면에 태양과 항성들은 서로간의 위치를 항상 동일하게 유지한다는 점에 주목하고, 지구의 위치를 규정하기 위해서 그것들을 움직이지 않는 것으로 간주하여 사용하기 때문에 지구가 운동한다고 주장한다면, 이는 당치 않은 이야기가 될 것이다. 왜냐하면 첫째로, 철학적인 의미에서 장소는 항성들과 같이 아주 멀리 떨어져 있는 물체들을 통해서가 아니라 운동한다고 주장되는 물체와 닿아 있는 것들을 통해서 규정되어야 하기 때문이다. 둘째로, 그가 일상적인 의미에서 지구가 아니라 항성들을 움직이지 않는 것으로 간주하는 이유는 그가 항성들 너머에는 어떤 물체—이로부터 분리되어 항성들이 운동한다고 주장될 수 있는—도 없다고 믿기 때문이라는 것밖에는 없다. 그리고 그가 지구가 정지해 있다고 한다면, 이는 항성들을 고려하면 지구가 움직인다고 하는 의미에서다. 그러나 이를 믿는 것은 합리적이지 않다. 우리의 정신은 세계에 어떤 한계도 인정하지 않는 본성을 지녔다. 그래서 신의 위대함과 우리 감각의 허약함에 주목한다면, 누구나 우리가 볼 수 있는 항성들 너머에 다른 물체들이 존재한다고 추측하는 것이, 따라서 이를 고려할 때 아마도 지구는 정지해 있는 반면에 항성들은 모두 움직인다고 할 수 있을 것인데, 그렇지 않다고 하는 것보다 더 옳다고 판단할 것이다.

<철학의 원리> 제일 마지막 부분

"지구에 관하여" 207. 그러나 나는 모든 것을 나의 교회의 권위에 맡긴다.

그럼에도 불구하고 나의 미약함을 잘 알고 있는 나는 그 어떠한 것도 단언하지 않고, 모든 것을 한편으로는 가톨릭교회의 권위에, 다른 한편으로는 현자들의 판단에 맡기겠다. 그리고 나는 그 누구도 분명하고 반박할 수 없는 이성이 설득하는 것 이외의 그 어떤 것도 받아들이지 않기를 바란다.